キミの一歩

アメリカ

小手鞠るい

自由の女神と
森とペン

もくじ

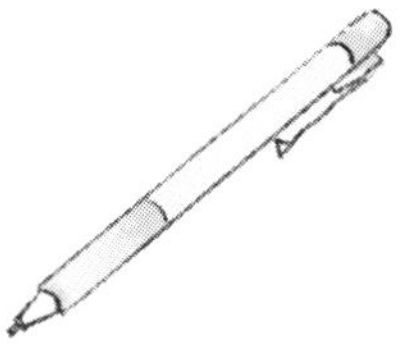

ようこそ、森のベイカリーカフェへ

みなさん、こんにちは。

それとも、はじめまして、でしょうか。

わたしは、ニューヨーク州の森のなかで暮《く》らしながら、小説を書いている作家です。

詩や児童文学や絵本のお話を書くのも大好きで、毎日、森の小道や山道を散歩しながら、物語を想像《そうぞう》したり、創造《そうぞう》したりしています。

物語を書くのも好きだけど、読むのはもっと好き。

そして、物語だけではなくて、エッセイを読むのも大好き。

大好きな作家が書いたエッセイは、必ずと言っていいほど、全作、読んでいます。

好きな作家はたくさんいるので、読むエッセイもたくさんになります。

小説や童話とは違《ちが》って、エッセイには、作家の日常《にちじょう》生活や旅の記録や、作家が日々《ひび》、考えたり、悩《なや》んだりしていることがふんだんに出てきます。

エッセイを読んでいると、まるで作家の日記を読んでいるような、作家から届《とど》いた手紙を読んでいるような、作家から直接《ちょくせつ》、話しかけられているような――

そう、まるで作家と友だちになれたような気持ちになります。

好きな作家と友だちになれる！

なんてすてきなできごとなのでしょう。

だから、わたしは、エッセイを読むのが大好きなのです。


エッセイはたいてい、夜、眠《ねむ》りにつく前に、ベッドに入ってから読みます。

わたしのベッドサイドにはいつも、三冊《さつ》か四冊《さつ》のエッセイ集が置かれています。

すでに一度か二度、読んだ本もあるし、まだ読んでいない本もあります。

その日の気分によって、読む本を決めます。

ちょっと悲しいことがあって、気分が落ちこんでいる夜には、温かくて、優《やさ》しい音楽のような言葉で綴《つづ》られた、あの作家のエッセイを。

ちょっとうれしいことがあって、気分がうきうきしている夜には、さらにうきうきするような、楽しくて痛快《つうかい》な、あの作家のエッセイを。

ああ、どこかへ旅に出かけたいなぁと思う夜には、世界中を旅する作家のエッセイを。ああ、海が見たいなぁと思ったら、波の音が聞こえてきそうな、南の島で暮《く》らす作家のエッセイを。

エッセイは、どこから読んでも、だいじょうぶ。ぱっとあけたページを読んでもいいし、最後から読み始めて、最初に戻《もど》っていっても、だいじょうぶ。

読み方も、楽しみ方も、あなたの自由です。


わたしの書いたこのエッセイ集は、森の仕事部屋で心をこめて焼き上げた、パンとケーキとタルトとパイの詰《つ》め合わせセットのような一冊《さつ》です。

毎月の旬《しゅん》のフルーツを使って焼いたアメリカンマフィンやクッキーや、四季折々《おりおり》の野菜を取り入れて作ったサンドイッチやサラダもあります。

十二個《こ》のショーケースに並《なら》んでいるベイクドグッズのなかから、さあ、あなたのお好きなものを選んで、読んでください。

きょうのあなたの気分に合わせて。

静かな部屋で、雨の音に包まれて。

ときには、好きな音楽をかけて。

春にはたんぽぽコーヒーをいれて、夏にはハイビスカスのアイスティを作って、秋には庭で摘《つ》んだミントの葉っぱを浮《う》かべたミントティといっしょに、冬にはばらの実で作ったローズヒップティといっしょに。

ところどころに差し入れた詩は、店長からのおまけです。良かったら、声に出して読んでみてください。

ようこそ、森のベイカリーカフェへ。

秘密

ある朝
とつぜんに
なぞはとける

思いきりよく
ためらうこともなく
花は
みんなひらく
力のかぎりに
そのために自らは枯れても

この世で
いちばん美しいもの
それは人間の
つくりだしたものではない
涙ではない
心ではない
（ことばではない）
それは花たちの
たったひとつの秘密

――『愛する人にうたいたい』より

四月　夢《ゆめ》の花を咲《さ》かせる

春の案内人

三月の終わりから四月の初めにかけて、日本の友だちや仕事仲間から、ひんぱんに桜《さくら》だよりが届《とど》くようになります。

――つぼみが膨《ふく》らみ始めました。来週には咲《さ》きそうです。

――今、八分咲《ざ》きです。日曜日には満開になるでしょう。

――お弁当《べんとう》を作って、家族でお花見に行ってきました。

こんなたよりがメールや電話で届《とど》くたびに「ああ、いいなぁ。うらやましいなぁ」と、つぶやいてしまいます。

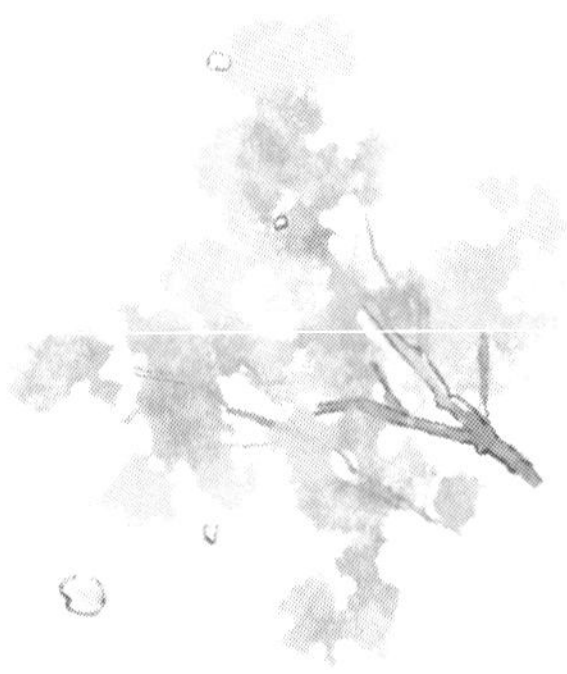

なぜって、日本ではすでに桜《さくら》の季節が始まっているというのに、ここ、ニューヨーク州のウッドストックの森ではまだ、雪が積もっていて、風も冷たくて、まだまだ冬がしぶとく居座《いすわ》っているから。

ああ、春が待ち遠しいな。

こんなに冬が長いなんて。

雪景色には、すっかり飽《あ》きています。

ガレージの前の雪かき作業にも、疲《つか》れてきています。

ぶあついコートやスノウブーツや、毛糸の帽子《ぼうし》や手袋《てぶくろ》やマフラーとお別れして、春色の半袖《はんそで》のティシャツを着て、スニーカーをはいて、ぽかぽかと暖《あたた》かい春の陽射《ひざ》しを浴びながら、満開の桜《さくら》の並木道《なみきみち》や川の土手を歩きたいなぁ、と、ため息をつきながら、日本の桜《さくら》を思い浮《う》かべています。

ああ、早く春にならないかな。

ある年の四月のある日、ふと気づきました。

本当は、この森にも、ちゃんと春はやってきている。

たとえ、地面や屋根の上には雪が積もっていても、空の青さ、陽射《ひざ》しのまぶしさ、風の香りは、明らかに春めいてきている。

ただ、わたしの目が曇《くも》っていただけだったのです。

裸《はだか》のように見える樹木《じゅもく》にも、小さな芽がいっぱい付いています。

森の小道でランニングをしていると、野原や林のなかから、小鳥たちの声が聞こえてきます。

季節は健気に、着実に、冬から春へ衣替《ころもが》えをしている。

冬は決していつまでも居座《いすわ》っているわけではなくて、少しずつ、ゆっくりと、春に座席《ざせき》を譲《ゆず》っている。

さようなら、と、こんにちは、の優《やさ》しいくり返し。

それが自然の営《いとな》みというものです。


四月の終わりごろになると、それまで茶色一色のように見えていた遠くの山々《やまやま》に、

ぼーっと、白い霧《きり》のようなものがかかり始めます。

あ！　あれは山桜《やまざくら》だ！

日本の桜《さくら》のような華《はな》やかさはありませんけれど、山のそこここで、山桜《やまざくら》がひっそりと白い花を咲《さ》かせています。

もうじき春だよ。

春はもう、そこまで来ているからね。

そんなメッセージを運んできてくれる山桜《やまざくら》は、ウッドストックの春の案内人です。

あなたの町の春の案内人は、どんな花ですか。

全米桜《さくら》祭り

まだ緑の少ない早春いちばんに、美しい花を咲《さ》かせる桜《さくら》の木は、もちろんアメリカでも愛されています。

庭木として、庭に桜《さくら》を植えている人もいます。

少年G（わたしの夫の愛称《あいしょう》。六十代なのに、なぜ少年Gなのか。この章の最後に書きますね）

と散歩中、桜《さくら》の咲《さ》いている庭のそばを通るときには、必ず立ち止まって、こっそりとお花見をします。あくまでも、こっそり。

長い時間、立ち止まって、じーっと見たりしてはいけません。

だって、よその人の庭ですからね。


花を愛する気持ちに、国境《こっきょう》はありません。

けれど、アメリカのお花見と、日本のお花見には、ひとつ、大きな違《ちが》いがあります。それは、アメリカでは、桜《さくら》の木の下に座《すわ》って、お弁当《べんとう》を食べたり、お酒を飲んだり、歌ったり、騒《さわ》いだりしない、ということ。

みんなで木の下に集まって、にぎやかに食べたり飲んだりするのは、あくまでも日本だけの習慣《しゅうかん》のようです。

毎年、アメリカの首都、ワシントンDCで、全米桜《さくら》祭りというお祭りが催《もよお》されています。英語名は、ナショナル・チェリー・ブロッサム・フェスティバル。

このときにも、やはり、アメリカの人々《ひとびと》は、桜《さくら》の木の下で、飲食やパーティなど

はしません。

そういえば、アメリカで暮《く》らす日本人や、日本にルーツを持つ日系《にっけい》アメリカ人がこのお祭りを見に来たときに、日本の習慣《しゅうかん》を思い出して、あるいは、なつかしく思って、木の下で宴会《えんかい》をすることがときどきあるため〈木の下で集まって飲食をしないように〉という注意の書かれたびらが配られていたこともあるそうです。

郷《ごう》に入れば郷《ごう》に従《したが》え、ということわざがあります。

ある土地やある国には、その土地やその国の習慣《しゅうかん》や生活様式があるわけだから、そこへ移《うつ》り住んだり、訪《たず》ねたりしたら、それに従《したが》いなさい、という教えです。

英語にも「ローマでは、ローマ人がするようにしなさい」という意味のことわざがあります。

だからあなたも、アメリカに来たら、満開の桜並木《さくらなみき》を眺《なが》めながら、歩くだけにしてくださいね。

決して、木の下に座《すわ》って、お弁当《べんとう》を食べたりしないで。

花より団子《だんご》の少年Gとわたしも、アメリカではじっと我慢《がまん》の子です。

日本の桜《さくら》を愛したアメリカ人

ワシントンDCの全米桜《さくら》祭りには、全米各地と外国から、毎年、百五十万人以上もの人たちがやってきて、さまざまなイベントに参加して楽しんでいます。木の下での飲食はできないけれど、パレード、コンサート、アートの展覧会《てんらんかい》などがおこなわれています。

ワシントンDCのポトマック公園を彩《いろど》る無数の桜《さくら》の大半は、染井吉野《そめいよしの》という種類の日本の桜《さくら》です。

もともとは、アメリカには生えていなかった日本の桜《さくら》がなぜ、ワシントンDCに、こんなにたくさん、生えているのでしょうか。

一九一二年（明治45年）に、当時の東京市長だった尾崎行雄《おざきゆきお》を初めとする日本人たちが、桜《さくら》の苗木《なえぎ》をアメリカに贈《おく》ったからです。三年前におこなわれた一度目の贈呈《ぞうてい》は、輸送《ゆそう》中の苗木《なえぎ》、二千本に虫が付いたために失敗しました。しかし、あきらめないで再度《さいど》、挑戦《ちょうせん》して成功しました。

アメリカから日本へのお礼は、花水木の苗木《なえぎ》だったそうです。

そう、ワシントンDCの桜《さくら》は、日本から贈《おく》られたものだったのです。

その陰《かげ》には、ひとりのアメリカ人女性《じょせい》がいました。

名前をエリザ・R・シドモアと言います。

一八五六年（安政《あんせい》3年）生まれの地理学者であり、文学博士《はくし》であり、写真家でもある人です。

エリザは、一八八四年（明治17年）に、ジャーナリストとして初めて日本を訪《おとず》れて以来、日本の魅力《みりょく》のとりこになって、以後、何度も来日しています。

国内を旅するときには、人力車を使っていました。

人力車ですよ！

そしてエリザは、日本で初めて桜《さくら》の花を目にして以来、この美しい花をアメリカでも咲《さ》かせたいと、夢見《ゆめみ》るようになったのです。

エリザの書いた旅行記『シドモア日本紀行《きこう》　明治の人力車ツアー』（講談社学術文庫）には、彼女《かのじょ》が上野公園の桜《さくら》を見たときの感想が書かれています。

ちょっと紹介《しょうかい》してみましょう。

パリのブーローニュの森も、フィレンツェのカッシーネ公園も、ベルリンのティーア・ガルデンも日曜日の花の上野にはかないません。小径《こみち》や並木道《なみきみち》の下り方向へ目を向けると花咲《さ》く並木《なみき》の見通しがよく利き、巨大《きょだい》な樫《かし》や楡《にれ》のようにそびえ立ち幅広《はばひろ》く枝《えだ》を延《の》ばしています。その清らかなアーチを抜《ぬ》けると、さらに数えきれない優雅《ゆうが》な枝々《えだえだ》が輝《かがや》きを見せ、また無数の単独《たんどく》の桜《さくら》が緑の森を背景《はいけい》にきらめいています。上野の山の麓《ふもと》にある広い蓮池《はすいけ》［不忍池《しのばずのいけ》］が、驚《おどろ》くほどたくさんの白い花を映《うつ》し出しています。

（外崎克久訳）

エリザは、この日本の桜《さくら》をアメリカでも咲《さ》かせたいと夢見《ゆめみ》て、アメリカ帰国後、東奔西走《とうほんせいそう》し、いろいろな人たちに協力を仰《あお》ぎ、さまざまな努力を積み重ねました。

夢《ゆめ》は、なかなか実現《じつげん》しませんでした。

それでも彼女《かのじょ》は、あきらめませんでした。

そうして、エリザが当時の大統領《だいとうりょう》の妻《つま》、ヘレン・タフトに宛《あ》てて書いた手紙が大きなきっかけとなって、桜《さくら》の植樹《しょくじゅ》は実現《じつげん》に向かって進み始め、ついに、日本の桜《さくら》は海を渡《わた》ってアメリカへたどり着きます。

彼女《かのじょ》の夢《ゆめ》を実現《じつげん》させたのは、一通の手紙、でした。

わたしはこのことを知ったとき、あらためて、言葉の力、文章の力、手紙の力に感動しました。

言葉は、文章は、手紙は、人だけではなくて、国を動かすこともできる。

ところで、これはあくまでもわたし個人《こじん》の考え方で、これが正しいと主張《しゅちょう》したいわけではありませんけれど、手紙の文字は、手書きでなくてはなりません。

メールやLINEやSNSではだめなのです。

パソコンの文字ではだめ。絵文字もだめ。

人がペンや鉛筆《えんぴつ》を握《にぎ》りしめて、一文字、一文字、手で書いた文字でなくてはだめ、と、わたしは考えています。

手書きの文字には、人の性格《せいかく》、人の心、人の思いがそのまま反映《はんえい》されています。心が反映《はんえい》され、思いが滲《にじ》み出てくるからこそ、書かれたその言葉が人を動かす力になり得《え》るのです。

残念ながら、日本からアメリカに贈《おく》られた桜《さくら》は、日本とアメリカのあいだの平和を実現《じつげん》させることはできませんでした。

桜《さくら》の植樹《しょくじゅ》から約二十九年後の一九四一年（昭和16年）両国は戦争を始めます。けれども、太平洋戦争中も、アメリカ人は桜《さくら》の木を大切に守り続けました。

その桜《さくら》の木が今も、ワシントンDCで咲《さ》いているのです。

エリザの夢《ゆめ》は、彼女《かのじょ》の死後、九十年以上が過《す》ぎた今でも、毎年、春になると、満開の花を咲《さ》かせています。

運命の紙切れ

手紙の力について、とっておきのエピソードをひとつ。

わたしと少年Gは、京都の本屋さんで出会いました。

ふたりとも、まだ二十代のころです。

小説家を目指しながら、わたしがアルバイトの店員として働いていた本屋さんに、ある日、少年Gはお客として、本を買いに来たのです。

彼《かれ》はアメリカ人。当時の仕事は、英会話の教師《きょうし》。京都市の隣《となり》にある小さな町で暮《く》らしながら、独学《どくがく》で日本語を勉強していました。

つたない日本語で、彼《かれ》はわたしに、声をかけてきました。

「ぼくは日本語を勉強しています。日本語を勉強するために、何かいい本を推薦《すいせん》してください」

わたしはすかさず、こう答えました。

「とってもいい本があります。ぜひ、この本で日本語を学んでください」

わたしは少年Gを案内して、文芸書の売り場まで行くと、本棚《ほんだな》に収《おさ》まっていた一冊《さつ》の本を取り出して、彼《かれ》に差し出しました。

いったい、どんな本だったと思いますか。

『外国人のための日本語学習参考書』『これであなたも日本語がぺらぺらに』『日本

語の習得術《しゅうとくじゅつ》１００のコツ』『初級日本語レッスン』――こんなタイトルの本ではありません。

タイトルは『愛する人にうたいたい』――。

作者は、わたし。それは、わたしが初めて出した詩集でした。

なんと、わたしは、自分の作品を、お客さんに推薦《すいせん》したのです。

なんて厚《あつ》かましい店員なのでしょう。

思い出すと、自分でも、あきれてしまいます。

でも、この詩集を推薦《すいせん》したことで、わたしはその場で、少年Ｇから一通の手紙をもらうことができました。

手紙には、名前と電話番号だけしか書かれていません。

まるで小学生が書いたような、下手くそな文字と数字の並《なら》んだ手紙。

手紙というよりは、紙切れです。

実際《じっさい》に彼《かれ》は、自分の持っていた手帳の一ページを破《やぶ》って、そこに名前と電話番号を書いて、ぱっと手渡《てわた》してくれたのです。

「良かったら、仕事が終わったあと、コーヒーでも飲みながら、ぼくと、詩について語り合いませんか」

と言って。

つまり、彼《かれ》は、本屋さんで出会った店員を、デートに誘《さそ》ったのです。

なんて行動が速いんでしょう。

アメリカ人が書いた、手書きの日本語の文字。日本語と言っても、ただカタカナで名前が書かれているだけ。

その〈手紙〉にわたしは大感動し、デートの誘《さそ》いに乗って、それから四十年近くが過《す》ぎた今も、こうして、少年Gといっしょに、楽しく幸せに暮《く》らしています。

わたしの人生を動かし、わたしを日本からアメリカへ渡《わた》らせてくれたのは、たった一枚《まい》の紙切れ。

わたしはお話を作るのが好きで、得意《とくい》だけれど、これは作り話ではありません。

嘘《うそ》みたいな、夢《ゆめ》みたいな、本当のお話です。

最後にもうひとつ、書きますと約束していた、本当のお話を。

なぜ、夫の愛称《あいしょう》は少年Gなのか。

彼《かれ》は今、六十代ですけれど、五十代になったとき「ぼくはこれからの人生を、毎日が小学三年生の夏休みだと思って生きていく」と、宣言《せんげん》しました。

毎日が小学三年生の夏休み！

すてきだと思いました。

楽しそう。とってもいい人生になりそう。

もともと、少年みたいな天真爛漫《てんしんらんまん》な性格《せいかく》の持ち主なので、わたしはそのとき彼《かれ》に少年Gというあだ名を付けました。

Gはファーストネームの頭文字です。

そうしたところ、彼《かれ》がこのあだ名を「すごく気に入った！」と言うので、以来、わたしも、わたしたちの友人も、彼《かれ》を少年Gと呼《よ》んでいます。

みなさんも、そう呼《よ》んでくださいね。

五月　春色の手紙

便せんと封筒《ふうとう》と切手

手紙の話をもう少し。

ついこのあいだ、小学六年生の女の子から、お手紙をいただきました。

手紙をわたしに送ってきてくれたのは、その子の担任《たんにん》の先生で、手紙には〈小手《こで》鞠《まり》るいさんへの質問《しつもん》〉がいくつか、書かれていました。

本を読んだり、文章を書いたりするのが好きで、得意《とくい》で、将来《しょうらい》は作家になりたい、とのこと。

作家を目指しているだけあって、文章はとてもしっかりと、明晰《めいせき》に書かれていて、質問《しつもん》もよく練られています。

「この子は将来《しょうらい》、作家になれるかもしれないな」と、思ったほどです。

返事を書こうと思い、机《つくえ》に向かってから「待てよ」と、わたしは思いました。

どういうふうに、どんな形で返事を書けばいいのか、一瞬《いっしゅん》、わからなくなってしまったのです。

なぜなら、この少女から届《とど》いた手紙は、便せんに書かれたものではなく、封筒《ふうとう》に入ったものでもなく、担任《たんにん》の先生が文面を写真に撮《と》って、SNSを通して送ってきた画像《がぞう》だったからです。

文字は、手で書かれたものではなく、ワープロで打たれた活字体。

ここで、くり返しになりますけれど、先生はその写真を撮《と》って、SNSを通して送ってきたのです。

先生の定義《ていぎ》では、これが手紙である、というわけです。

時代は変わってしまったのでしょうか。

手紙というのは、便せんに一文字一文字、自分の手で文章を綴《つづ》って、書き上がったら読み返して、間違《まちが》っているところがあれば書き直して、それから、便せんをていねいに折りたたんで、封筒《ふうとう》に入れて、宛名《あてな》と住所を書いて、自分の名前と住所も書いて、切手を貼《は》って、郵便《ゆうびん》ポストか郵便局《ゆうびんきょく》から、出すものではなかったでしょうか。

日本からアメリカまで、郵送《ゆうそう》した手紙が届《とど》くまでには現在《げんざい》、十日から二週間くらいかかります。

先生が写真を撮《と》って、その画像《がぞう》をＳＮＳを通して送れば、一秒で届《とど》きます。

あなたは、どちらの手紙をもらいたいですか。

どちらをもらったら、うれしいですか。

返事を書きたくなるのは、どちらでしょう。

わたしはちゃんと便せんに文章を書いて、封筒《ふうとう》に入れて、切手を貼《は》って、返事の手紙を出しました。

宛先《あてさき》は、先生です。女の子の住所はわからなかったから。

先生が受け取ってから、その子に渡《わた》してくれることになっていました。

その後、少女からも先生からも、返事は届《とど》いていません。

わたしからの手紙を受け取った女の子が「そうか、これが手紙というものなのか」と、理解《りかい》してくれていたなら、こんなにうれしいことはありません。

そして、先生には「これからは、自分の手で手紙を書きなさい。それが手紙ですよ」と、生徒たちに指導《しどう》をしてほしいなと思います。手紙とは、写真を撮《と》って画像を送るものではなくて、手で書いて、郵便《ゆうびん》ポストから出すものですよ、と。

こんなことを思うわたしは、時代遅《じだいおく》れなのでしょうか。

よりどりみどりのカード

アメリカで暮《く》らすようになったばかりのころ、スーパーマーケットや薬局に行くたびに「わあ、すごいなぁ」と、目を見張《みは》って驚《おどろ》き、そこで長い時間を過《す》ごしていた売り場があります。

見るのも楽しい、手に取るのも、選ぶのも、楽しい。

まさに、選り取り見取りとは、このこと。

迷《まよ》うのも楽しい場所。それは、カード売り場です。

巨大《きょだい》なスーパーマーケットの、売り場の一列、あるいは二列全部がカードコーナーになっています。

それはそれは広くて長くて、見ても見てもまだまだ出てくる、といった感じ。

絵入り、写真入りのカードは、目的別に分けられて、置かれています。

誕生日《たんじょうび》おめでとうのカード、入学お祝いのカード、卒業お祝いのカード。

結婚《けっこん》のお祝い、婚約《こんやく》のお祝い、就職《しゅうしょく》のお祝い、転職《てんしょく》のお祝い、退院《たいいん》のお祝い、引っ越《こ》しのお祝い、新居《しんきょ》完成のお祝い、仕事の成功のお祝い。

サンキューカードと呼《よ》ばれているお礼状《れいじょう》。

お祝いやお礼だけじゃなくて、お見舞《みま》いやお悔《く》やみのカードもあります。

母の日用、父の日用のカードも。

誕生日《たんじょうび》ひとつを取っても、祝う相手は、親、きょうだい、友だち、職場《しょくば》の仕事仲間、義理《ぎり》の家族、親戚《しんせき》などなど、細かく分かれているので、カードの種類は膨大《ぼうだい》になります。

そして、目的別のほかにも、季節ごとに、バレンタインズ・デイ用、聖《せい》パトリックの祝日用、復活祭用《ふっかつさい》、感謝祭用《かんしゃさい》、クリスマス用などなど。

カードはたいてい、ふたつ折りになっていて、そこにはあらかじめ短いメッセージが印刷されています。

たとえば「わたしはあなたの友だちだよ。困《こま》ったことがあったら電話して」というようなメッセージが印刷されているカード。これは〈フレンドシップ（友情《ゆうじょう》）〉のコーナーに。

このようなカードの余白《よはく》に、手書きのメッセージを添《そ》えて、出すのです。

これなら、長い手紙を書くのはめんどうだな、と思っている人でも簡単《かんたん》に書けますね。

カードは、おそろいの封筒《ふうとう》とセットにされて、売られています。

どのカードも、中身を見て、メッセージを確《たし》かめてから、買うことができます。

つまり、アメリカ人は、誰《だれ》かにちょっとした手紙を出したいときには、カード売り場へ行って、そこから、自分の目的にぴったりな一枚《まい》を選び出す、というわけです。

とにかく膨大《ぼうだい》な数なので、そのなかから、たった一枚《まい》を選ぶのは、とても大変。時間もかかります。手間暇《ひま》もかかります。

大変だけど、楽しい時間です。

たとえメッセージは短くても、どんな気持ちでこのカードを選んだのか、送った相手にはきっと、しっかりと伝わることでしょう。

二月十四日の愛の日――バレンタインズ・デイが近づいてくると、赤いハートでいっぱいのカード売り場に立って、真剣《しんけん》にカードを選んでいる、中年男性《だんせい》の姿《すがた》をよく見かけます。

愛する妻《つま》のために、夫がカードを選んでいる姿《すがた》というのは、なかなかほほえましいものです。日本では、あまり見かけない光景ですよね。

ほほえましいカード売り場がいつまでも消えませんように、と、わたしはひそかに祈《いの》っています。

この世から手紙が消えないようにと、祈《いの》る気持ちと同じです。

今のところ、どちらもまだ、完全には消えていません。

さて、そろそろ、日本に住んでいる弟の誕生日《たんじょうび》が近づいてきました。

車を走らせて、スーパーマーケットのカード売り場へ行きましょう。

今年の五月に六十三歳《さい》になる弟に、どんなメッセージを送りましょうか。

「ついこのあいだまで保育園《ほいくえん》に通っていたのに、もう六十三歳《さい》だなんて、信じられないね！」なんてメッセージは印刷されていないはずだから、わたしが自分の手でそう書き添《そ》えればいいのです。

日本語がおじょうず

ここからは、京都の書店で、少年Gから、短い手書きの手紙を受け取ったあとの物語の続きです。

わたしたちは、たちまち仲良くなって、いっしょに暮《く》らすようになりました。

彼《かれ》は五歳《さい》のとき、両親といっしょに日本旅行をして以来、日本が大好きになり、アメリカの大学を卒業後、日本へやってきて、日本語を勉強しながら英会話学校で英語を教える教師《きょうし》になっていました。

わたしは日本語が大好きで、日本語を読んだり書いたりすることが大好きで、いつか小説家になりたいとあこがれながら、書店や学習塾《がくしゅうじゅく》で働いていました。

仲良くなった大きなきっかけは、インドです。

当時、彼《かれ》にもわたしにも、いつか行ってみたい国があって、それがふたりともインドだったのです。

じゃあ、いっしょに行こう、ということになり、四か月間、所持金がなくなるまで、インドを旅しました。

その後、京都へは戻《もど》らないで、東京へ。

東京では、満員電車に乗って、同じ会社へ通っていました。

彼《かれ》は外国人が日本語を勉強するための雑誌《ざっし》の編集者《へんしゅうしゃ》になり、わたしはその会社で営業事務《えいぎょうじむ》のアルバイトを経《へ》て独立《どくりつ》し、フリーライターに。

京都と東京を合わせると、八年ほど、いっしょに暮《く》らしていたことになります。

八年目のある日、彼《かれ》から、こんな相談を受けました。

「アメリカの大学院に入学して、日本文学を勉強したいんだけど」

「日本の大学院じゃなくて、アメリカで？」

と、わたしは問い返しました。

日本文学を学ぶのであれば、日本の方がいいのではないかと、思ったのです。

そのころには彼《かれ》はもう、日本人と同じくらい、日本語の読み書きや会話ができるようになっていました。

でも彼《かれ》は、

「アメリカがいい。アメリカへ帰りたい。アメリカでいっしょに暮《く》らそうよ」

と言います。

なぜ、日本ではなくて、アメリカなのか。

その背景《はいけい》には、さまざまな理由がありました。

彼《かれ》はひとつずつ、ていねいに、説明してくれました。

わたしがいちばん納得《なっとく》できたのは、こんな理由でした。

「日本に住んでいる限《かぎ》り、ぼくはいつまで経《た》っても外人に過《す》ぎない。どんなにちゃんと日本語をしゃべっていても『外国人なのに、日本語がおじょうずですねぇ』と言われる。和食を食べていたら『箸《はし》もじょうずに使えるんですねぇ』と言われる。一日一回は言われる。言われない日はない。そういう生活に、すっかり疲《つか》れてしまった……」

日本語がおじょうずですね、と言われて、なぜ疲《つか》れるのでしょうか。

褒《ほ》められているのに。

みなさん、なぜなのか、考えてみてください。

わたしは、かれこれ三十年以上もアメリカで暮《く》らしていますけれど「英語がおじょうずですねぇ」と言われたことは、一度もありません。

もしも毎日のように「英語がおじょうずですねぇ」と言われていたら、わたしも疲《つか》れてしまって、日本へ帰りたくなってしまったことでしょう。

少年Gの外見は、日本では、明らかに外国人のように見えます。

あなたは外国人のくせに、日本語がなぜそんなにぺらぺらなのか。

このような傍若無人《ぼうじゃくぶじん》な言葉は、英語ではマイクロアグレッションと呼《よ》ばれています。

マイクロアグレッションとは、偏見や思いこみによって、相手を傷つけてしまう言動です。

たとえばアメリカで、誰《だれ》かがわたしに向かって「あなたは着物をじょうずに着られるのか」などと尋《たず》ねたら、これはれっきとしたマイクロアグレッションに当たります。

外国人なのに、日本語がおじょうず。

日本人だから、着物がじょうずに着られるはず。

人種や国籍《こくせき》によって、相手を「こうだ」と、決め付けてはいけません。

それは、してはいけない行為《こうい》です。

発してはいけない言葉です。

マイクロアグレッションは、相手への思いやりに欠ける、人として、とても恥《は》ずかしい言動なのです。

一年ぶりの返信

五月の最後は、わたしからあなたへの手紙でしめくくりましょう。手書きでなくて、ごめんなさい。でも、気持ちだけは手書きです。

前略《ぜんりゃく》　日本に住んでいるみなさんへ
お元気ですか。

どんな日々《ひび》を過《す》ごしていますか。

こちらはすっかり春になりました。

寒い季節に、暖《あたた》かい土地へ渡《わた》っていた渡《わた》り鳥たちは、国境《こっきょう》を越《こ》えて、この森へ戻《もど》ってきました。これからここで巣を作って、卵《たまご》を産んで、ひなをかえして、子育てを始めるでしょう。

家のまわりは、小鳥たちのさえずりで、にぎやかになっています。

りすたちも、活発に走り回っています。

雨が降《ふ》るたびに、緑に染《そ》まっていく草を、鹿たちはむしゃむしゃ、おいしそうに食べています。

庭では、水仙《すいせん》やれんぎょうが咲《さ》いて、そこらじゅう、花の香りでいっぱいです。花の香りに包まれて、春の野菜をたっぷり入れたサンドイッチを作ろうと思います。

ついでにクッキーも焼こうかな。

それとも、いちごのタルトを作ろうかな。

一年ぶりに、春からの手紙が届《とど》いて、わたしはうれしくてたまりません。

このエッセイを書き終えたら、家の外へ出て、森にあいさつをします。

今年も、春の手紙を届《とど》けてくれて、ありがとう。

春からの返信は、黄色の便せんに綴《つづ》られて、緑色の封筒《ふうとう》に入っています。

切手は貼《は》られていませんけれど、小鳥たちがちゃんと届《とど》けてくれました。

それではまた来月、六月の森で会いましょう。

草々《そうそう》

六月　森の童話屋さん

森のコンサート

みなさん、六月になりました。

六月の森から、お手紙をお届《とど》けします。

六月の森は一年じゅうでいちばん、にぎやかです。

庭では、数え切れないほどたくさんの野の花が咲《さ》いて、みつばちが「ブーンブーンブーン」と唸《うな》りながら（唸《うな》っているのかどうか、それは本人に聞いてみないとわかりませんね）「飛び交っています。

小鳥たちのシンフォニー、蛙《かえる》たちの大合唱、光と風と雲と雨の協奏曲《きょうそうきょく》。

森のコンサートを聴《き》きにやってくるのは、銀灰色のりす、茶色のしまりす、野うさぎ、ウッドチャック、鹿、黒熊、七面鳥、コヨーテ、きつね、たぬき、ほかにも、

いろいろ。

本当は、コンサートを聴《き》きに来ているわけではなくて、草や花や木の実を食べに来たり、池で泳いだり、木に登ったり、気の合う相手を探《さが》しに来たりしているわけですけれど。

森では毎日、誰《だれ》かに会うことができます。

そんなときには、遠くからそっと、あいさつをします。

今年も会えたね。元気そうだね。いい季節になったね。楽しく暮《く》らしてね。

そう、遠くからそっと、声をかけるのです。

むやみに近づいていって、驚《おどろ》かせてはいけません。

頭を撫《な》でよう、体にさわろう、なんて思うのは、もってのほか。

森では動物ファースト、人間はセカンド。

そう、森の優先席《ゆうせんせき》はすべて、動物たち、小鳥たち、小さな生き物たちのために用意されているのです。

うちの近くで、この季節になると、よく見かける光景があります。

それは、道路を横断《おうだん》して、向かい側の池へ行こうとしている亀《かめ》の前で、お行儀《ぎょうぎ》よく並《なら》んで待っている車の列。わたしの車も、そのなかの一台。

誰《だれ》ひとり、文句《もんく》を言う人はいません。

亀《かめ》さんが無事、渡《わた》り終えるまで、じっと待ちます。これが森のルール。

森のルールは、動物園とは逆《ぎゃく》です。

檻《おり》に入っているのは人間で、動物たちは檻《おり》の外で自由に生きています。

わたしは檻《おり》（透明《とうめい》な檻《おり》です）のなかからおとなしく、動物たちの姿《すがた》を眺《なが》めているだけで幸せな気持ちになれます。

子どものころから、動物園が大嫌《きら》いでした。

せまい檻《おり》に動物を閉《と》じこめて、それを檻《おり》の外から見て、いったい何が楽しいのかな、と、いつも疑問《ぎもん》を感じていました。

今も感じています。

みなさんは、森で自由に暮《く》らしている動物と、せまい檻《おり》のなかのコンクリートの上で暮《く》らしている動物、どちらを見るのが好きですか。

どちらが幸せだと思いますか。

幸せそうな動物を見ている方が、幸せな気持ちになれませんか。

さあ、わたしはこれから、森の動物たちが大活躍《かつやく》するお話を書こうと思います。

いったいどんなお話ができ上がるのでしょうか。

待っていてくださいね。

おばあちゃんの名前

アメリカの大学院で日本文学を勉強することにした少年Gといっしょに、飛行機に乗ってアメリカへ引っ越《こ》しをして、最初の四年間、ふたりで暮《く》らした町の名前はイサカと言います。

ちょっと変わった名前でしょう。

ギリシャにも、同じ名前の町があるそうです。

実はこの名前、わたしの祖母《そぼ》の名前によく似《に》ているのです。

おばあちゃんの名前はイサと言います。カタカナで書きます。

イサおばあちゃんは、わたしと少年Gがアメリカに旅立った日から数日後に、亡《な》くなりました。九十一歳《さい》。わたしたちを「行ってらっしゃい」と見送ったあと、安心して天国へ行ったかのようでした。


イサおばあちゃんに見送られて、たどり着いたイサカは、外国の絵本に出てくるような可愛《かわい》い町でした。

緑の森のなかに、うずもれるようにして、白い家がぽつりぽつりと立っています。三角屋根の家、山小屋みたいな家、赤い窓枠《まどわく》の家、窓辺《まどべ》にお花がいっぱい飾《かざ》られた家――。

町を歩きながら、そんな家々《いえいえ》を見ているだけで、絵本のページをめくっているようなのです。

わたしたちは、日本で働いて貯《た》めてあった貯金《ちょきん》を使って、大学の近くに、二階建ての白い家を買いました。

かなり古い家です。ふたりで暮《く》らすには、多過《す》ぎるのではないかと感じられるほど、たくさんの部屋がありました。

わたしにとっては、まさにお城です。

それから、近所の動物保護施設《ほごしせつ》から一匹《ぴき》の猫《ねこ》を引き取ってきて、家族の一員として、お城に迎《むか》え入れました。おす猫《ねこ》です。まるで騎士《きし》を迎《むか》え入れたようです。

プリンと名づけました（名前はちっとも騎士《きし》らしくないですね）。

プリンにかかっている、キャラメルソースみたいな色の毛をしていたから。

プリンといっしょに暮《く》らしながら、わたしは白い家の二階で、小説を書き始めました。小説家になりたい、という夢《ゆめ》を実現《じつげん》させるためです。

小説家。

これは小学六年生のころから、わたしの夢見《ゆめみ》てきた職業《しょくぎょう》でした。

わたしの得意《とくい》なことと言えば、文章を書くことだけ。

わたしの好きなことと言えば、本を読むことだけ。

小説家の仕事とはまさに、文章を書き、本を読むことです。

だから、わたしにはこの仕事しかない、と、ずっと思ってきました。

今も思っています。

日本語で小説を書く仕事は、アメリカにいても、どこにいても、できます。

日本に住んでいたとき、わたしが「小説家になりたい」と話すと、両親も、友だちも、知り合いの人たちもみんな異口同音《いくどうおん》に「それは難《むずか》しそう」「なれっこないよ」「あきらめた方がいい」などと、否定的《ひてい》な意見を言いました。

確《たし》かに、難《むずか》しいだろうなと、わたしにもわかっていました。

ひとりだけ「絶対《ぜったい》になれるよ」「とことんがんばれ」「応援《おうえん》する」と言ってくれた人がいました。

少年Gです。

いっしょに暮《く》らしている人生のパートナーがわたしの夢《ゆめ》を応援《おうえん》してくれている。

なんて、なんて、幸せなことなんだろうと思いました。

お互《たが》いの夢《ゆめ》を、お互《たが》いに支《ささ》え合い、応援《おうえん》し合いながら生きる。

この生き方は、今も変わりません。

だからとても幸せです。

天国のイサおばあちゃんは、今もわたしたちを、遠くからそっと、見守ってくれているようです。

みなさんも、大人になったら、お互《たが》いの夢《ゆめ》を尊重《そんちょう》し、支《ささ》え合えるパートナーを見つけてくださいね。

使い物にならない英語

イサカで暮《く》らし始めたとき、わたしの英語力は、生まれたばかりの赤ちゃん程度《ていど》だったと思います。

日本の中学校、高校、大学で、合計十年、英語を勉強してきたはずなのに、実際《じっさい》にアメリカに来てみると、何も話せないし、何も聞き取れない。

これもまた、嘘《うそ》みたいな本当のお話です。

かろうじて、道ですれ違《ちが》った人と、簡単《かんたん》なあいさつ程度《ていど》の会話ならできますけれど、それ以上の会話は、まったくできません。

日本ではあんなに一生けんめい、英語を勉強して、英語の成績《せいせき》だって悪くはなかったのに、アメリカではその英語がまったく使い物にならない。

ショックでした。

カルチャーショックよりも、こっちのショックの方が大きかったです。

そのときわたしは三十六歳《さい》。

なのに、英語年齢《ねんれい》は幼稚園《ようちえん》生以下。

大人に交じると、まともに会話もできない状態《じょうたい》。

とってもみじめです。

たとえば、ホームパーティなどに招待《しょうたい》されて、誰《だれ》かの家に遊びに行っても、わたしだけがみんなの会話の輪に加われない。

「どんな小説を書いているの」

「日本って、どんな国?」

「日本語って、どんな言葉?」

「日本の政治《せいじ》は、どうなっているの」

「なぜ、日本人女性《じょせい》の社会進出はそんなに遅《おく》れているの」

「夫婦別姓が認められていないのは、世界で唯一、日本だけだってこと、どう思ってる？」

などなど、質問《しつもん》をされて、その答えは頭のなかでぐるぐる回っていて、答えたいことがいっぱいあるのに、それを英語では話せない。話しても、しどろもどろ。

言いたいことがあるのに、言えない。言おうとしても、しどろもどろ。

これは、とてもつらいことです。


だから、わたしは渡米《とべい》後、猛烈《もうれつ》に英語の勉強をしたのでしょうか。

答えは「いいえ」です。

せいぜい二、三か月くらいだったかな、大学内にあった無料の英会話学校に通い、家でも参考書をひもといて勉強しましたけれど、そのあと、すっぱりとやめました。

勉強、やーめた！

勉強なんかしているから、いつまで経《た》っても、話せるようにならないのだ、と気づいたからです。

会話とは、勉強するものではないのです。

みなさんも、そうでしょう。

日本語の会話を勉強したことはないでしょう。

それでも日本語で会話ができる。

会話力とは、勉強して身につけるものではなくて、日々《ひび》、言葉を口にして、言葉を使って、実際《じっさい》に使いながら、身につけていくものなのです。

ときには失敗して、恥《はじ》をかいたりしながら。

英語の勉強をやめて、ただまわりの人たちの会話に耳を澄《す》まして、人の英語を真似《まね》て話したりしているうちに、少しずつ、少しずつ、かたつむりのようなスローなペースで、わたしの英語力は上達していきました。

アメリカで暮《く》らし始めて一年後には、一歳児《さいじ》の英語力。

二年後には、二歳児《さいじ》の英語力。

十年後には、十歳児《さいじ》の英語力――

現在《げんざい》は、渡米後《とべいご》、三十年あまりが過《す》ぎたので、わたしの英語力は三十歳程度《さいていど》、と言いたいところですけれど、そうではなくて、二十歳《はたち》くらいで停滞《ていたい》中です。

「なんの努力もしていない人に、漫然《まんぜん》と暮《く》らしているだけの外国人に、どれくらいのスピードで語学力がついてくるのか、きみを見ていると、いいサンプルになるね。言語学者にとって、格好《かっこう》の研究の対象《たいしょう》になるかもしれないよ」

少年Gから、そんなことを言われています。

これって、褒《ほ》め言葉なんでしょうか。

動物たちの職業《しょくぎょう》

今朝は、野生のマウンテンローレルが満開になっています。

あじさいに似《に》た形をしている花です。

小さな白い花がいっぱい集まって咲《さ》いています。

マウンテンローレルの低木は、森の底を這《は》うようにして森全体に広がっているので、この花が満開になると、森はまるで天国の森のように見えます。

天国の森には、イサおばあちゃんが暮《く》らしています。

マウンテンローレルの森を散歩していると、つやつやの黒い毛をした黒熊さんがひょっこり姿《すがた》を現《あらわ》します。

おとなしくて、優《やさ》しくて、とってもシャイな熊なので、わたしの姿《すがた》を見つけると、走って逃《に》げていきます。

そのうしろ姿《すがた》を見送りながら、わたしは、もしも黒熊さんが人間界で仕事をするとしたら、どんな職業《しょくぎょう》が似合《にあ》うだろう、と、想像《そうぞう》します。

警察官《けいさつかん》？　郵便局長《ゆうびんきょく》さん？　図書館の館長さん？　お医者さん？

いろいろ想像《そうぞう》しているうちに、これだ！　と思いついた仕事は、料理人、つまり、シェフです。

黒熊さんは〈くろくまレストラン〉を経営《けいえい》しています。

そこで、黒熊シェフは、どんな料理を作っているのでしょう。

どんなお客さんがやってきて、黒熊シェフの料理を食べるのでしょう。

散歩から戻《もど》ったら、わたしはくろくまレストランの物語を書き始めます。

いつも、こんなふうにして、森から童話が生まれます。

みなさんも、動物たちの職業《しょくぎょう》を考えてみてください。

楽しいですよ。

わたしは、こんなのを考えました。

うさぎのフルーツパーラー、うさぎのケーキ屋さん、うさぎのパン屋さん、うさぎのおむすびやさん、ひつじ郵便局《ゆうびんきょく》、きつね音楽教室、ねこの本屋さん、ねこのホテル、ねこの写真館、犬の図書館、犬のレストラン――

ほかにもいろいろ。

さあ、みなさん、遊びに来てください。物語の森へ。

わたしはあなたのために、パンを焼いて、ケーキを焼いて、おいしいお茶をいれて、おもてなしをしましょう。

ようこそ、森の童話屋さんへ！

七月　生きとし生けるものの楽園

食いしん坊《ぼう》の花どろぼう

少年Gが大学院での研究を終えたので、わたしたちは、大学町イサカから、ここ、ウッドストックの森の家へ引っ越《こ》してきました。

日本へ帰ろうか、という話し合いもしましたけれど、ふたりともアメリカの大自然の魅力《みりょく》のとりこになっていたので、アメリカに残ることにしました。プリンを連れて日本へ帰るのは難《むずか》しいだろうな、とも思っていました。

ウッドストックという町を見つけることができたのは、新聞記事のおかげです。新聞に出ていた紹介《しょうかい》記事を読んで、実際《じっさい》に町を訪《たず》ねてみて、ひと目ぼれしました。ウッドストックはその名の通り〈樹《じゅ》木《もく》の多い町〉で、町はずれに広がっている森のなかで暮《く》らしたいね、と、ふたりの意見が一致《いっち》したのです。

引っ越《こ》したのは十一月。

赤や黄やオレンジに色づいた紅葉《こうよう》の森で、新しい生活が始まりました。

そして、次の年の春が来たとき、わたしが夢中《むちゅう》になったこと。

それは、園芸です。ガーデニングとも言います。庭仕事という言葉もあります。

森の家の前庭に、前に住んでいた人が造《つく》った、長方形の広い花壇《かだん》がふたつあり、そこには何も植えられていなかったので、わたしは自分の好きな花の苗《なえ》をお店で買ってきては、せっせと植えこんだのです。

アイリス、ばら、ゼラニウム、マリーゴールド、ゆり、コスモス、矢車草などなど、春、夏、秋に咲《さ》く、色とりどりの花の苗《なえ》や苗木《なえぎ》を植えて、それはそれは見事な、華《はな》やかな花壇《かだん》ができ上がった――

と、思っていたのですけれど、それは大きな間違《まちが》いでした。

アイリスには固いつぼみが付き、ばらの枝《えだ》には若葉《わかば》が萌《も》え始め、ゼラニウムやマリーゴールドは花が咲《さ》き始めて、さあ、今朝も楽しい水やりをしよう、と、わくわくしながら花壇《かだん》へ行ってみると、なんと、一週間ほど前に完成させたばかりの花壇《かだん》は、丸裸《まるはだか》になっていたのです。

そう、丸裸《まるはだか》です。

つぼみも、葉っぱも、咲《さ》き始めていた花も、何もありません。

残っているのは、短くなった茎《くき》と、枝《えだ》だけ。

びっくりしてしまって、あいた口がふさがりません。

いったい誰《だれ》がこんなことを！

犯人《はんにん》は、すぐに、わかりました。

食いしん坊《ぼう》の花どろぼうさんは、森に住んでいる鹿たち。

体の毛は茶色で、しっぽの裏側《うらがわ》の毛だけが白いので、英語ではホワイト・テイルド・ディアーと呼《よ》ばれています。

ニューヨーク州と近隣《きんりん》の州では、そこらじゅうで見かける鹿です。

鹿たちは、森や草原や野原の草を食べて生きています。

当然のことながら、わたしが花壇《かだん》に植えた花だって、鹿たちにとっては食べ物なのです。きっと、とても珍《めずら》しいごちそうだったに違《ちが》いありません。

人工的な花壇《かだん》を造《つく》るのは、きっぱりあきらめました。

わたしが自分の庭だと思っているこの土地は、もともと、鹿たちが暮《く》らしていた、鹿たちの家なのです。

鹿たちは、わたしの花壇《かだん》の花を、どろぼうしたわけではありません。むしろ、わたしたちの方が、鹿たちの家と土地に勝手に侵入《しんにゅう》してきた、どろぼうなのです。

モネのすいれんの池

あれから、およそ二十五年が過《す》ぎた今、前庭にも、裏庭《うらにわ》にも、家のまわりには毎年、四季折々《おりおり》の、さまざまな花が咲《さ》いています。

水仙《すいせん》、きつねの手袋《てぶくろ》、ラベンダー、きじむしろ。

これらは全部、わたしが植えた植物です。なんらかの理由があって、鹿は決して食べません。

水仙《すいせん》やきつねの手袋《てぶくろ》には、毒《どく》が含《ふく》まれているようです。ラベンダーは、強い香りを放っているせいでしょうか。

ほかには、野生のマウンテンローレル、そして、数え切れないほどたくさんの種類の山野草が咲《さ》きほこっています。

どんなに鹿が食べても、野草の数は、減《へ》ることがありません。

森とは、自然とは、そういうふうにできているのです。

環境《かんきょう》を破壊《はかい》するのは人間だけで、野生の動物たちが環境《かんきょう》を破壊《はかい》することは、ないのです。

鹿の食べない花たちを思うぞんぶん楽しむ。

これがわたしにとっての、最高のガーデニングです。

花壇《かだん》を丸裸《まるはだか》にされて数年後、園芸店で、小さなバケツに入ったすいれんの苗《なえ》を見つけて、庭の奥《おく》の方にある池に植えこんでみました。

雨水がたまって、自然にできた池です。

亀《かめ》や蛙《かえる》や源五郎《げんごろう》やいもりが暮《く》らしています。

苗《なえ》には、葉っぱはまだ三、四枚《まい》しか付いていません。

これがどんどん増《ふ》えていって、いつか花が咲《さ》いたら、まるで印象派《いんしょうは》の画家のモネの描《か》いたすいれんの池みたいになるのかなぁ、なんて夢見《ゆめみ》ながら、長靴《ながぐつ》を履《は》いて、腰《こし》まで水に浸《つ》かりながら、植えました。

どんなに食いしん坊《ぼう》の鹿でも、まさか、池のなかまでじゃぶじゃぶ、入ってくることはないだろうと、思ったのです。

これは、甘《あま》い考えでした。

まったく甘《あま》かった。

何年かのちのある夏の朝、わたしが目にした光景は、お腹《なか》まで水に浸《つ》かりながら池に入って、むしゃむしゃ、すいれんの葉っぱを食べている鹿たちの姿《すがた》でした。

あーあ、池も丸裸《まるはだか》か。

あきらめかけていたのですけれど、モネの池は、夢《ゆめ》ではありませんでした。

鹿たちはなぜか、すいれんの葉っぱだけを食べて、つぼみや花は食べないのです。

だから毎年、七月になると、池ではすいれんが可憐《かれん》な花を咲《さ》かせてくれます。

色は白。太陽の光を受けて、白銀に輝《かがや》いています。

すいれんの葉っぱは、食べられても食べられても、池の底を這《は》うようにして広げた根から新しい茎《くき》を伸《の》ばして、茎《くき》の先に、新しい葉っぱを付けます。

青い草の生えていない冬でも、枯《か》れ草を食べて生きる鹿は、とてもたくましい生き物です。そして、すいれんもまた、鹿にも負けない、たくましい植物なのです。

プリンのお墓《はか》

モネの池のほとりに、石を積み上げて作った小さなお墓《はか》があります。

イサカの動物保護施設《ほごしせつ》から引き取って、家族として十四年ほど、いっしょに暮《く》らしてきた猫《ねこ》のプリンのお墓《はか》です。

そこにお墓《はか》を作ったのは、わたしです。

先にも書いた通り、この池と池のまわりには、いろんな生き物たちが住んでいます。

春から夏にかけては、蛙《かえる》の合唱がにぎやか。秋になると木に登って、ひと晩《ばん》じゅう鳴きつづける、ウッドフロッグという蛙《かえる》もいます。

蛙《かえる》がいるから、蛙《かえる》を食べて生きている蛇《へび》や、ふくろうがやってきます。

ふくろうがひと声、鳴くと、蛙《かえる》の合唱は急に静まります。

夏には、すいれんの葉っぱの上で、虫を食べようとして待っている蛙《かえる》の姿《すがた》も見られます。赤とんぼも飛んできます。

鹿たちは池の水を飲みに来ますし、黒熊は泳ぎに来ます。

青さぎもやってきます。

野生の鴨《かも》の夫婦《ふうふ》がこの池で、子育てをした年もありました。

森の仲間たちが集まってくる池のそばに、わたしはプリンのお墓《はか》を作ってあげたかったのです。


ペット、という言葉がありますけれど、プリンは、ペットというよりは、家族でした。子どものいないわたしたち夫婦《ふうふ》の子どもだった、とも言えるでしょう。

みなさんの家には、犬や猫《ねこ》がいますか。

もしもいるのだったら、その犬や猫《ねこ》は、みなさんの家族だと思ってくださいね。

みなさんがそう思っていれば、犬も猫《ねこ》も、お姉さんだったり、お兄さんだったり、弟だったり、妹だったり、友だちだったり、先生だったりしてくれます。

殺処分《さつしょぶん》、という日本語があります。

いやな言葉です。背筋《せすじ》が凍《こお》り付きます。

捨《す》てられた犬や猫《ねこ》が保健所《ほけんじょ》に連れていかれて、一定の期間が過《す》ぎても新しい飼《か》い主が見つからなかった場合、日本では、とても残酷《ざんこく》な方法で殺《ころ》されています。

殺処分《さつしょぶん》!?　命を〈処分《しょぶん》〉してもいいのでしょうか。

この言葉が死語になる日を望んでいるのは、わたしだけでしょうか。

犬や猫《ねこ》を捨《す》てているのは、大人たちです。

殺《ころ》しているのも、大人たちです。

みなさんは、そんな大人にならないでくださいね。

かぶと虫の命

先日、東京に住んでいる友人から、こんなおたよりが届《とど》きました。
みなさんと同じくらいの年齢《ねんれい》の娘《むすめ》さんを育てている、お父さんです。

二年ほど前に娘《むすめ》といっしょに公園へ、かぶと虫を取りに行きました。おす一匹《ぴき》、めす二匹《ひき》を捕《つか》まえて家に連れてかえり、大切に大切に育てて、めすは合わせて六十六個《こ》の卵《たまご》を産みました。そのうち六十五匹《ひき》が羽化して、成虫になりました。そこで、娘《むすめ》といっしょに公園へ、かぶと虫を放しに行ったのです。自然界の大きな命の循環《じゅんかん》の一部を預《あず》かっていたわけだから、返しに行こうね、と。すると、公園にいた男の子たちが集まってきて「ぼくらにちょうだい。でも、めすはいらない。おすだけでいい」と言うので、がっかりしてしまいました。

このお父さんがなぜがっかりしたのか、みなさんにはわかりますか。

わたしは、こう思いました。

男の子たちはきっと「かぶと虫のおすには、大きな角が付いていて、見た目もりっぱでおもしろい。めすは特におもしろくない。どうせ飼《か》うなら、珍《めずら》しいおすがいい」と思ったのではないか。

つまり、男の子たちにとって、かぶと虫とは生き物ではなくて、おもちゃであった、ということでしょう。

みなさんは、どう思いますか。

かぶと虫は、生き物ですか、おもちゃですか。

虫や蛙《かえる》や小鳥や犬や猫《ねこ》は、命ですか、物ですか。

そんなこと、考えなくても、わかりますね。

でも、これがわからない人もいるのです。そういう人がみなさんのまわりにいたら、教えてあげてくださいね。

命を粗末《そまつ》にしてはいけないよ。

生き物は、人間たちと同じように、命を持っている、かけがえのない存在《そんざい》だよ。

ふくろうが蛙《かえる》を食べ、蛙《かえる》が虫を食べるのは、自然界の決まりだけれど、人間はどんな生き物の命だって、粗末《そまつ》にしてはいけない。

それが人間界のルールです。

生きとし生けるもの、という言葉があります。

意味は、すべての生き物です。

地球とは、生きとし生けるものの楽園ではないでしょうか。

いいえ、楽園であったはずの、楽園であるべき惑星《わくせい》です。それが楽園ではなくなってきているのは、なぜなのでしょうか。

わたしたち人間は、動物たちと同じように、生きとし生けるものの一員として、この地球に住んでいます。

わたしたちは、わたしたちの楽園を、壊《こわ》してはならないのです。

八月　片道切符《かたみちきっぷ》で一歩を踏《ふ》み出す

八月六日はなんの記念日

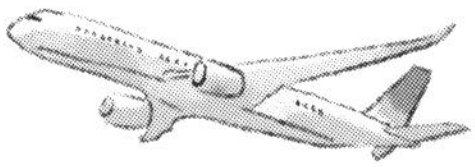

八月になると、日本では、必ずと言っていいほど〈戦争と平和〉が話題になりますね。

ひねくれ者のわたしはいつも、疑問《ぎもん》に思っています。

戦争とは、八月だけに思い出すべきものなのだろうか。平和とは、八月だけに考えるものなのだろうか。

そんなの、どう考えても、おかしいですよね。

平和って、一年じゅう、考えなくてはならないものでしょう。

なぜ、日本では、八月イコール戦争、なのか。

それは、一九四五年（昭和20年）の八月六日には広島に、九日には長崎に、原爆《げんばく》が落とされたから。

そして、それでもまだ、戦争を続けようとした日本が、やっとのことでポツダム宣言《せんげん》を受け入れ、戦争が終わった日、つまり、戦争に負けた日が八月十五日だからです。

八月には、原爆《げんばく》の日（原爆忌《げんばくき》という呼《よ》び方もあります）と、敗戦記念日の両方があるわけです。

実は、わたしが生まれ育ち、三十六年あまり暮《く》らしてきた日本から、アメリカへ引っ越《こ》しをしたのは、八月六日でした。

八月六日は、わたしにとって〈渡米記念日〉なのです。

日本からアメリカへ、新しい世界への一歩を踏《ふ》み出した日だったのです。

これは、偶然《ぐうぜん》のことです。

広島に原爆《げんばく》が落とされた日に、落とした国であるアメリカへ移住《いじゅう》しようと、計画したわけではありません。

帰りの飛行機のチケットを持たないで、一九九二年（平成4年）八月六日、日本からの一移民《いみん》として、わたしがアメリカに入国したとき、アメリカではおそらく誰《だれ》ひとり、きょうが原爆《げんばく》の日であることなど、意識《いしき》していないのだなと感じました（あくまでも、わたしがそう感じたということです）。

知らない人も、きっと大勢《おおぜい》いるのだろうな、とも思いました。

逆《ぎゃく》にアメリカでは、十二月八日（ハワイ時間では七日）が、日本軍によって真珠湾《しんじゅわん》攻撃《こうげき》をされた日である、ということを忘《わす》れている人、知らない人は、いません。

つまり、原爆《げんばく》を落とした側、真珠湾《しんじゅわん》を攻撃《こうげき》した側は、それを忘《わす》れているけれど、落とされた側、攻撃《こうげき》された側は決して忘《わす》れず、その日を胸《むね》に刻《きざ》み付けている、というわけです。

だからきっと、中国では、日本軍による南京虐殺《ぎゃくさつ》の日を、韓国《かんこく》では、日本が朝鮮《ちょうせん》半島を侵略《しんりゃく》し、支配し続けてきた日々のことを、忘《わす》れている人は、いないでしょう。

わたしたちは、戦争と平和を考えるときには常《つね》に、自分の国のことだけを考えるのではなくて、戦争をしていた相手の国のことも考えなくてはならないのではないでしょうか。

それをしないから、中国や韓国《かんこく》の人たちは今でも怒《おこ》っているのではないか。原爆《げんばく》の日とは、平和を祈念《きねん》する日であると同時に、国家が過去《かこ》の過《あやま》ちを反省し、謝罪《しゃざい》しなくてはならない日。

みなさんには戦争責任《せきにん》はないけれど、国家には責任《せきにん》は在《あ》り続ける。

わたしはそう考えています。

慰霊碑《いれいひ》の前で黙祷《もくとう》をするときには、原爆《げんばく》で亡《な》くなった人たちと共に、日本軍によって殺《ころ》された罪《つみ》もない人々《ひとびと》を含《ふく》む、アジア・太平洋の戦争のすべての犠牲者《ぎせいしゃ》のために、首《こうべ》を垂《た》れなくてはなりません。

でもこれは、あくまでもわたし個人《こじん》の考え方です。

これをみなさんに押《お》し付けるつもりもないし、これが正しいのだ、などと、主張《しゅちょう》するつもりもありません。

みなさんは、みなさんの頭で、平和とは何か、戦争責任《せきにん》とは何か、について、考えてくださいね。

人の考え方には違《ちが》いがあって、当然なのです。

ノルウェーの森の猫《ねこ》

戦争と平和のあとは、猫《ねこ》の話。

片道切符《かたみちきっぷ》でアメリカに入国し、少年Gが入学することになった大学のある町、イサカに着いて、家を買ったあと、プリンという名の猫《ねこ》を家族として迎《むか》え入れた、という話は前にも書きましたね。

プリンは長毛種の猫《ねこ》で、しっぽも胸毛《むなげ》もふさふさで、エメラルドグリーンの瞳《ひとみ》を持った、それはそれはハンサムなおす猫《ねこ》でした。

近所の人たちや友だちからは「貴《き》公子」「王子様」「ライオンキング」などと、呼《よ》ばれていました。

種類は、ノルウェージャン・フォレスト・キャット。

ノルウェーの森の猫《ねこ》です。

動物保護施設《ほごしせつ》で、何週間かあとには、安楽死の運命が待ち受けていました。

捨《す》てられたのではなくて、雪道に迷《まよ》って帰れなくなり、遠くまで来てしまったのではないか、と、施設《しせつ》の人は言っていました。

推定《すいてい》で、生後八か月くらいでした。

引き取ることにしたとき、わたしたちは厳《きび》しい審査《しんさ》を受けました。

経済状態《けいざいじょうたい》。家の間取り。家族構成《こうせい》。猫《ねこ》を飼《か》う目的。猫《ねこ》に対する思い。なぜ猫《ねこ》を飼《か》うのか。去勢《きょせい》をさせてから飼《か》うこと。などなど、さまざまな質問《しつもん》や決まりの書かれた書類に必要な答えを書きこんで、宣誓《せんせい》と同意のサインをし、さらなる質疑応答《しつぎおうとう》のあとで、やっと、引き取れるようになっていました。

これは納得《なっとく》できる審査《しんさ》だな、と思いました。

捨《す》てられた猫《ねこ》を保護《ほご》する、と言うと、いかにも聞こえはいいものの、もしも新たな飼《か》い主が無責任《せきにん》な人物であった場合、動物の悲劇《ひげき》は救《すく》いようも、救《すく》われようもありません。

家に連れてかえったあと、獣医《じゅうい》さんに連れていき、去勢《きょせい》をさせました。

去勢《きょせい》をさせたあとは「一生、家のなかで、大切に大切に飼《か》うこと」と、病院でも厳《きび》しく言い渡《わた》されました。

このことにも、納得《なっとく》できました。

猫《ねこ》を外に出すと、うちの外は森なので、そこに住んでいる小鳥や小動物を捕《つか》まえたり、喧嘩《けんか》をしたりするのは、猫《ねこ》の本能《ほんのう》として避《さ》けられないことだし、逆《ぎゃく》に、コヨーテに食べられてしまう恐《おそ》れだってあります。

だから、飼《か》い猫《ねこ》として、家族の一員として、一生を共にする覚悟《かくご》で、去勢《きょせい》をさせたのです。

プリンがそれで本当に幸せだったのかどうか、それはわたしにもわかりません。断言《だんげん》もできません。

ただ、もう二度と、誰《だれ》かに捨《す》てられたり、迷《まよ》い猫《ねこ》になったり、交通事故《じこ》に遭《あ》ったりすることはなくなったはずだから、そのことだけはまあ、良かったのかなと思っています。

ノルウェーの森の猫《ねこ》と暮《く》らした十四年間。

わたしたちがプリンから与《あた》えてもらったものは、計り知れないほど大きな幸福でした。

今でも、わたしの人生のなかで、最高に幸せだったのは、あの十四年間だった、と、これは断言《だんげん》できます。

正直なところ、プリンと出会う前のどんな幸福も、プリンが亡《な》くなったあとのどんな幸福も、あの十四年間の幸福の前では、色褪《いろあ》せて見えます。

あれ以上の幸福は、もうやってこない。

行きはあっても、帰りはない。

片道切符《かたみちきっぷ》の幸福。

でもこれもまた、だからこそ、とても大きな幸福なのです。

つまり、わたしは、それほどまでに大きな、それほどまでに圧倒《あっとう》的な幸福を経験《けいけん》できた――

ということこそが幸福なのです。

猫《ねこ》の形をした幸福です。

半分にならなかった悲しみ

そんなわけで、プリンが片道切符《かたみちきっぷ》であの世に旅立ったときの悲しみもまた、想像《そうぞう》を絶《ぜっ》するものでした。

幸せ過《す》ぎるほど幸せだったわけだから、それを失ったときの失望、絶望《ぜつぼう》もまた、当然のことながら、大き過《す》ぎたのです。

みなさんは、こんな名言をご存《ぞん》じでしょうか。

――友情《ゆうじょう》は喜《よろこ》びを二倍にし、悲しみを半分にする。

ドイツの劇作家《げきさっか》であり、詩人でもあるシラーの言葉です。

〈友情《ゆうじょう》〉の部分を〈夫婦《ふうふ》の愛〉に置き換《か》えて、結婚式《けっこんしき》のお祝いのメッセージとして、使うこともよくあるようです。

確《たし》かに、少年Gといっしょに暮《く》らしていると、喜《よろこ》びは二倍にも、三倍にも、十倍にもなります。

たとえば、わたしの書いた原稿《げんこう》が完成し、一冊《さつ》の本になったとき、いっしょに喜《よろこ》んでくれる人がいれば、喜《よろこ》びは大きく膨《ふく》らみます。

おいしい料理だって、ひとりじゃなくて、ふたりでいっしょに食べたら、いっそうおいしくなります。

でも、悲しみは、どうでしょうか。

いっしょに悲しんでくれる人がいたら、悲しみは本当に、半分になるのでしょうか。

わたしの答えは「なりません」でした。

シラーさんには悪いですけど「ぜんぜん違《ちが》います」と言いたいです。

少年Gは、わたしと同じくらい、じゃなくて、わたし以上に、プリンを愛していたのではないかと思うのです。

そんな人が家のなかにいて、わたしと同じくらい、いえ、わたし以上に悲しんでいるわけですから、悲しみも二倍、三倍、百倍になっていきます。

そう、悲しみの方は、十倍なんかじゃなくて、百倍、千倍にもなる。

桁《けた》が違《ちが》うのです。

わたしも彼《かれ》も、朝から晩《ばん》まで、泣いていました。

わたしは身のまわりにプリンの写真や遺品《いひん》を集めて、それに囲《かこ》まれて、泣いていました。

一方の彼《かれ》は「そんなもの、悲しくて、見ることさえできない」と言います。

つまり、いっしょに悲しむことさえ、できなくなっていたのです。

いっしょにいると、あまりにも悲しいから、別々《べつべつ》に暮《く》らした方がいいのだろうか、と、思うようになっていました。

離婚《りこん》の危機《きき》です。

動物を食べない人たち

仲のいい夫婦《ふうふ》であったはずのわたしたちに訪《おとず》れた、初めての離婚《りこん》の危機《きき》。

いったいどうやって、乗り越《こ》えたのでしょうか。

ある日のことです。

少年Gがこんなことを言ったのです。

「ぼくは、あしたから、家畜《かちく》動物の保護《ほご》施設《しせつ》でボランティアをすることにした」

家から車で二十分ほどのところにあった、ファームアニマル・サンクチュアリという施設《しせつ》です。

劣悪《れつあく》な環境《かんきょう》下で虐待《ぎゃくたい》されている、牛、豚《ぶた》、山羊、羊、にわとり、うさぎなど、家《か》畜《ちく》動物を救済《きゅうさい》し、短い余生《よせい》を幸せに暮《く》らしてもらうために、人々《ひとびと》が働いている施設《しせつ》です。

サンクチュアリとは、聖域《せいいき》です。

つまり、誰《だれ》からも侵《おか》されない、聖《せい》なる領域《りょういき》、ということです。

ペットでもなく、野生動物でもなく、家畜《かちく》を対象《たいしょう》にしているところが大きな特徴《とくちょう》です。

家畜《かちく》だからと言って、人間が好き勝手に、残酷《ざんこく》なやり方で飼育《しいく》したり、好き放題に殺《ころ》したりして、いいはずはありません。

動物はフレンドだ、フードではない、という思想の持ち主が経営《けいえい》しています。施設《しせつ》で働いている人たちは、当然のことながら、すべての動物、鳥、魚、卵《たまご》、牛乳《ぎゅうにゅう》、それらを使って作られた製品《せいひん》をいっさい食べません。

だから、施設《しせつ》でピザの配達を頼《たの》むと、届《とど》いたピザは、

「生地の上には、チーズがのっていなくて、トマトソースと野菜だけだった」

と、少年Gは言っていました。

「でも、すごくおいしかったよ。動物を犠牲《ぎせい》にしていない食べ物というのは、心で味わうもので、ぼくの心がすごく喜《よろこ》んでいた。ビーガンになるのも悪くないね」

ビーガンとは、ベジタリアンよりもさらに厳格《げんかく》な菜食主義《しゅぎ》者のことです。

最近、アメリカでは急速にビーガンが増《ふ》えてきています。

アメリカ国民の約五パーセントがビーガンのようです。

ビーガンに対応《たいおう》している料理や、菜食レストランもよく見かけます。

そういうレストランでは、ハンバーガーではなくて〈ベジバーガー〉を出しています。

野菜と豆類だけで作ったハンバーグもどきをはさんで食べるのです。

これ、すごくおいしいです。わたしの大好物。

「幸せな余生《よせい》を送っている家畜《かちく》の世話をしていると、心が落ち着く。動物を食べない人たちといっしょに働いていると、心が癒《いや》される」——。

少年Gは、愛する猫《ねこ》を失った悲しみを、家畜《かちく》動物の愛護《あいご》活動を通して、乗り越《こ》えていったようです。

わたしは、書くことで、乗り越《こ》えていきました。

悲しみは、片道切符《かたみちきっぷ》で去っていきません。

悲しみは、必ず戻《もど》ってきます。

けれども、戻《もど》ってきた悲しみは、去っていったときとは少し、姿形《すがた》を、色を、変えています。

まるで、季節と共に変わってゆく、森の木の葉のように。

この話の続きは、また来月に。

九月　竜宮城《りゅうぐうじょう》ダイアリー

悲しみと友だちになる

森のなかで暮《く》らすようになって、木の葉の色は、緑だけではないことを知りました。

ひと口に緑と言っても、実にさまざまな緑があります。

新芽の緑、新緑の緑、若葉《わかば》の緑、晴れの日の緑、雨上がりの緑。

季節によって、その日の天候によって、緑はさまざまに変化します。

九月の森の緑は、八月の緑に比《くら》べると、少しずつ、柔《やわ》らかくなってきているように見えます。

十月に、赤や黄色やオレンジやピンクに変化していくための、ひそかな準備《じゅんび》をしているかのようです。

プリンに死なれて、あんなに悲しかったはずなのに、その悲しみにも少しずつ、変化が訪《おとず》れていることに気づいたのは、いつごろからだったでしょうか。

写真を見ると、あいかわらず涙《なみだ》が出てくるのですけれど、涙《なみだ》を流しながらも、心のなかには、何か温かいものも流れているような気がしてきたのです。

何かって、なんでしょう。

それは、思い出であり、記憶《きおく》でした。

楽しかった時間、うれしかったできごと、悲しかった時間、苦しかったできごと。

それらのすべてが、思い出という優《やさ》しい姿《すがた》、形、色になってきている、と言ってもいいでしょうか。

そのことを自覚したとき、わたしには、悲しみを乗り越《こ》える方法がわかったのです。

悲しみは、乗り越《こ》えるものではなくて、付き合っていくもの。

つまり、悲しみと友だちになることによって、悲しいだけのように思えたできごとが、かけがえのない心の宝物《たからもの》になる。きらきらきらめいている、すてきな贈《おく》り物に変わっていってくれる、ということに気づいたのです。

これは大きな発見でした。

悲しみだけではありません。

怒《いか》り、くやしさ、情《なさ》けなさ、嫉妬《しっと》、恨《うら》みなど、ネガティブな感情《かんじょう》のすべてに言えることだと思います。

怒《いか》りと友だちになる、なんて、あなたは無理だと思いますか。

無理ではありません。

その方法を、わたしがお教えしましょう。

父の漫画《まんが》日記

それは〈書くこと〉です。

プリンに死なれたあと、わたしはちょうど、ある雑誌《ざっし》で小説の連載《れんさい》をすることになっていました。

どんな小説なのかというと、編集者《へんしゅうしゃ》からのリクエストは「プリンについて書いてください」だったのです。

悲しくて、悲しくて、とても小説なんて書けない、と最初は思っていたのですけれど、社会人ですから、悲しくても、仕事はしなくてはなりません。

それに「書きます」と約束していた仕事です。

すっぽかすわけには行きません。

そんなうしろ向きな理由から、いわば仕方なく、プリンと暮《く》らした幸せな日々《ひび》、そして、その幸せを失った日々《ひび》について、書き始めたのです。

書く、ということは、そのことを思い出す、ふり返るということであり、そのことについて思いを巡《めぐ》らせる、考える、ということでもあります。

さらに、事情《じじょう》を何も知らない人に読んでもらう文章を書くためには、論理《ろんり》的な道すじというものも必要です。

悲しみなら悲しみを分析《ぶんせき》し、感じていたことや考えていたことをきちんと言葉にして描写《びょうしゃ》し、説明し、読んだ人にそれが伝わるように、努力や工夫をする。

こういった作業を通して、悲しみの姿《すがた》、形、色が変化してくる、というわけです。

怒《いか》りにも、同じことが言えます。

なぜ、あんなに腹《はら》が立ったのか、なぜ、あの人が許《ゆる》せないと思ったのか、怒《いか》りを感じたときの自分の心はどんなふうだったか、などなど、怒《いか》りについて冷静に思いを馳《は》せながら、怒《いか》りについて書いているうちに、怒《いか》りは自然に収《おさ》まり、心には台風一過の青空が広がってくる。

そうなると、激《はげ》しく怒《おこ》ったことも「いい経験《けいけん》だった」「勉強になった」「これからはむやみに腹《はら》を立てるのはやめよう」などと、思えるようにもなります。

どうですか、書くって、すごいことでしょう。


わたしの父は九十代。

子どものころから漫画《まんが》を描《か》くのが好きで、得意《とくい》だったようです。

父が生まれてから十五歳《さい》まで、日本は戦争をしていました。

戦争に、楽しい小・中学生時代を奪《うば》われてしまった世代です。

そんな父があるとき、戦争体験を綴《つづ》った〈漫画《まんが》日記〉を描《か》いて、アメリカまで送ってきてくれました。

それを読んだとき、わたしは思ったのです。

父はこの漫画《まんが》日記を描《か》いたことで、戦争に対する怒《いか》りを、創作力《そうさくりょく》に変換《へんかん》することができたのかもしれないな、と。

みなさんが今、いちばん関心を抱《いだ》いていることは、どんなことですか。

そのことについて、日記を書いてみませんか。

毎日、少しずつでいいので、ひとつのテーマ、たとえば悲しみについて、たとえば怒《いか》りについて、日記の形で書いてみる。

タイトルは『＊＊ダイアリー』にしましょうか。

花の好きなあなたは『花ダイアリー』を、昆虫《こんちゅう》の好きなあなたは『虫ダイアリー』を書いてください。

『読書ダイアリー』――いいですね。

作文は、ある程度《ていど》の長さが必要です。

でも日記なら、一行でも二行でもいいのです。

書くことによって初めて見えてくること、わかってくることがあるはずです。

どんなことがわかったのか、それを手紙に書いて、わたしに教えてください。

九月の旅の計画

九月になると、少年Gといっしょに行く国があります。

わたしの場合には〈帰る〉と書くべきでしょうか。

アメリカで暮《く》らすようになって、すでに三十年以上が過《す》ぎたので、やはりそこへ帰るのではなくて〈行く〉というのが正しい感覚です。

ふたりとも、この九月の旅をとても楽しみにしています。

さあ、どこの国でしょう。

答えはもうおわかりですね。日本です。

そう、みなさんが暮《く》らしている国です。わたしのたちの大好きな国です。

今年は、日本のどこと、どこと、どこへ行こう。

ふたりで楽しく、わくわくしながら、計画を立てます。

旅はもちろん、旅をしているさいちゅうも楽しいけれど、計画を立てているときも楽しいのです。

長い時間をかけて、練りに練って、二〇二三年の九月の旅の計画は、成田、東京、岡山、高知、京都、奈良、長野、と決めました。長野県では北アルプス登山を計画。ニューヨークの空港から飛び立って、十四時間という長いフライトのあと、到着《とうちゃく》した成田では必ず一泊《ぱく》するようにしています。

さっそく、成田空港の近くにある成田温泉《おんせん》の料理旅館を予約しました。

温泉《おんせん》は、アメリカにはありません。

いえ、あることはあるのですけれど、日本にあるようなお風呂屋《ふろや》さんみたいな温《おん》泉《せん》ではなく、みんな、水着を着たままで入っています。温水プールみたいなものです。日本とは風情《ふぜい》が異なっています。

温泉《おんせん》から出たあと、おいしい料理を食べる習慣《しゅうかん》もありません。

「成田で、まず食べたいものは?」

「わたしは日本料理のフルコース。次から次へと魔法《まほう》のように料理が出てくる」

「ぼくは、日本のお菓子《かし》。日本のケーキとチョコレート、世界最高！」

「成田へ行ったら、成田山不動尊《ふどうそん》にお参りして、池の亀《かめ》さんを訪《たず》ねなくちゃ」

「成田山公園を散歩するのも楽しみ！」

まるで竜宮城《りゅうぐうじょう》へ行くような気分です。

日本では毎日『竜宮城《りゅうぐうじょう》ダイアリー』を書きます。

そうして日本への旅は、帰ってきたあとも、楽しいのです。

玉手箱をあけても、煙《けむり》にはなりません。

竜宮城《りゅうぐうじょう》の思い出はいつまでもページに残って、消えません。

竜宮城《りゅうぐうじょう》ダイアリーを開いて、読み返しているだけで、幸せな気持ちになります。

わたしの好きな日本ベスト3

みなさんにとっては、当たり前のことであっても、外国で暮《く》らしている人が外から日本を見たり、話を聞いたりしたときに「わあっ！」と驚《おどろ》いたり「すごいなぁ」と感動したりしていることがあります。

わたしも日本へ行くたびに、たぶんみなさんが思いもかけないところに、日本の魅力《みりょく》を発見しています。もちろん、その逆《ぎゃく》も、つまり短所も発見しているわけですけれど、ここでは魅力《みりょく》だけにフォーカスしておきます。

アメリカ暮《ぐ》らしの長いわたしの選んだ、日本の魅力《みりょく》ベスト3を発表します。

（1）電車や新幹線《しんかんせん》の発着時間がとても正確《せいかく》。五分ほど遅《おく》れただけでもお詫《わ》びのアナウンスが流れています。アメリカでは五分なんて、遅《おく》れたことにはなりません。インドの列車は五時間くらい遅《おく》れるのが普通《ふつう》でした。

（2）食べ物がおいしい。しかも、世界各国の料理をアレンジして、独創《どくそう》的に作れる料理人がいっぱいいる。これは世界に誇《ほこ》れることだと思います。日本の食文化は、夢《ゆめ》みたいな竜宮城《りゅうぐうじょう》レベル。フランス料理と中国料理は、世界的にもおいしいとされています。でも、フランスと中国に、日本料理を日本よりもおいしく作れる料理人がいるでしょうか。いないと思います、わたしは。

（3）地方都市の街角にも、本屋さんやカフェがある。散歩の途中《とちゅう》で買った本をカフェで開いて、コーヒーを飲みながら読むことができる。これは日本の町の大きな魅力《みりょく》。アメリカの街角からは（大都会を除《のぞ》いて）本屋さんは消えてしまいました。本屋さんへ行くとしても、車で高速道路をぶっ飛ばして行かなくてはなりません。運転中の車のなかでは、本は読めません。

あとふたつ、おまけです。

日本の本。造本《ぞうほん》、装幀《そうてい》、紙の質《しつ》など、すべてが美しい。アメリカの書店で、日本の本ほど美しい本を見たことがない。日本の文房具《ぶんぼうぐ》も、すばらしい。えんぴつ、消しゴム、ノート、何もかもが最高にすばらしい。

世界最高の本と文房具《ぶんぼうぐ》で、読書と勉強をしているみなさん。わたしにこう言われるまで、その魅力《みりょく》には、気づいていなかったでしょう。

旅にでるなら

たとえばそれは
使い慣れた大きなかばんがいい
そのかばんの中には
一冊の本だけ入っていればいい

それはくりかえし読んだことのある
たいせつな本がいい

陽のふりそそぐ
明るい駅を見つけたなら
そこでとび降りてしまって

ベンチにすわって
次の列車を待ってみよう
そばには秋桜《コスモス》が咲いていたりするから

かばんの中に
一冊の本だけを持って
旅にでかけてみたい
帰る時にはきっと
たくさんの言葉が入っている

それはあなたへの
優しい言葉であるはずだから

――『だけどなんにも言えなくて』より

十月　食欲《しょくよく》の秋、芸術《げいじゅつ》の秋

うさぎタウンのパン屋さん

アメリカに来てから、ケーキやタルトやパイやクッキーなど、焼き菓子《がし》を作るのが大好きになりました。

いわゆるベイクドグッズ、オーブンで焼いたお菓子《かし》類です。

うれしいことに、お菓子《かし》を作っていると、必ずと言っていいほど、童話のストーリーが浮《う》かんでくるのです。

お菓子《かし》だけじゃなくて、パンを焼いているときにも、ふっくらと浮《う》かんできます。

何年か前の秋に、こんな物語を書きました。

タイトルは『うさぎタウンのパン屋さん』と言います。

うさぎだけが住んでいるうさぎタウンで、パン職人《しょくにん》の黒うさぎのくるみくんが営

んでいるパン屋さん。

娘《むすめ》はレーズンちゃん。息子はシナモンくん。

おいしくて、楽しくて、夢《ゆめ》がいっぱい詰《つ》まった三人のパン屋さんは、いつも、焼き立てのパンや、揚《あ》げ立てのドーナツを買いに来るお客さんたちで、にぎわっています。

ラビット広場のベンチに腰《こし》かけて、みんながパンをもぐもぐ食べていると、紙芝《かみしば》居《い》屋のパンダのゆうゆうさんがやってきます。

さて、きょうはどんな紙芝居《かみしばい》の上演《じょうえん》があるのでしょうか。

紙芝居《かみしばい》のタイトルは『パン王子のぼうけんりょこう』だそうです。

いったいパン王子はどこへ、どんな冒険《ぼうけん》に出かけるのでしょう。

そこで、どんな出会いがあるのでしょう。


と、まあ、こんな物語を、わたしはパンの生地をこねながら、それから、こねた生地を丸めてオーブンに入れて、お茶を飲みながら、パンが焼き上がるまで待っているあいだに、思い浮《う》かべました。

書くことで悲しみと友だちになれたわたしは、書くことによって日々《ひび》、生きる力をもらっています。

この、生きる力を、楽しい物語を通して、あなたに届《とど》けたい。

それがわたしの願いです。

物語とは、人から人へ手渡《てわた》すことのできる〈生きる力〉であり〈幸せな時間〉です。

パンを作った人も食べた人も、物語を書いた人も読んだ人も、幸せな気持ちになることができます。

何かを作るということは、とってもすばらしいこと。

あなたは、どんなものを作りたいですか。

将来《しょうらい》、何を作る人になりたいですか。

将来《しょうらい》、どんな仕事をしたいですか。

もしもあなたに、作りたいもの、やってみたい仕事があるなら、そのための一歩を踏《ふ》み出してみませんか。

たとえそれが小さな一歩であっても、踏《ふ》み出すことがたいせつです。

だって、どんな長い道だって、最初の一歩から始まるのですから。

そんなことを思いながら、フラックスシードと、アーモンドと、いちじく入りのパンの生地をこねて、発酵《はっこう》させながら、このエッセイを書いています。

窓《まど》の外は秋。

食欲《しょくよく》の秋がやってきたようです。

パンプキンパイの作り方

十月になったら、いつも作るお菓子《かし》があります。

〈輝《かがや》く太陽のパンプキンパイ〉と、名づけています。

日本ではあまり見かけたことのなかった、皮も中身もあざやかなオレンジ色のかぼちゃ。ニューヨーク州の秋の風物詩でもある、この〈太陽かぼちゃ〉を使って作ります。

作り方はとても簡単《かんたん》。

皮ごと、ざくざく切って、大きなお鍋《なべ》で、ぐらぐら煮《に》ます。

フォークを突《つ》き立てて、なかまですーっと通るようになったら、ざるに上げて湯を切り、スプーンで中身をすくい取って、ボールに入れます。

このかぼちゃの中身に混《ま》ぜるものは、牛乳《ぎゅうにゅう》、卵《たまご》、少量の小麦粉《こむぎこ》、そして、これもニューヨーク州名物のメイプルシロップ。

楓《かえで》の木の樹液《じゅえき》を集めて作った、ほんのり甘《あま》いシロップです。

仕上げのスパイスは、シナモン、ナツメグ、ジンジャー。

これらをよく混《ま》ぜて、とろーりとしてきたら、パイの中身のでき上がり。

あとは、パイの生地のなかに流しこんで、オーブンに入れて焼くだけ。

焼き上がるまでの時間は、およそ四十分。

待っているあいだにすることは、もちろん！　お話を作ること。

家のなかに、オレンジ色の太陽の香りが満ち満ちてくるころ、あらすじのでき上がったお話は『うさぎのモニカのケーキ屋さん』です。

匂《にお》いに釣《つ》られたのか、少年Gがキッチンに姿《すがた》を現《あらわ》しました。

「さあ、おやつの時間だ！」

「ちょっと待った！」

わたしは食いしん坊《ぼう》さんの手を止めます。

食べる前に、ひとつ、し忘《わす》れてはいけないこと。

「いっしょに散歩に行こう」

パンプキンパイは、焼き上がったあと、三十分くらい冷ます必要があります。

わたしたちは森へ散歩に出かけて、赤や黄色に色づいて地面に落ちている木の葉を拾い集めます。

家に戻《もど》ってきてから、葉っぱをきれいに洗《あら》って乾《かわ》かして、お皿の上に敷《し》き詰《つ》めます。

落ち葉の上に、パンプキンパイを置きます。

秋のお日様が染《そ》め上げた葉っぱの上で、太陽の色をしたパイが輝《かがや》いています。

完璧《かんぺき》！

ああ、もうひとつ、お話が浮《う》かんできそう。

『ねこの町のホテル〈プチモンド〉ハロウィンとかぼちゃの馬車』なんてどうかな。

芸術家《げいじゅつか》のパン

オレンジ色のかぼちゃがそこらじゅうに、ごろごろごろごろ、積み上げられているファームスタンド。

日本では〈農産物直売所〉などと呼《よ》ばれていますね。

農家の人たちが畑のそばで、収穫《しゅうかく》したばかりの野菜を売っているお店です。

そこでは、季節の旬《しゅん》の野菜や果物が買えます。

野菜には土が付いていたり、果物には枯《か》れ葉が付いていたり、色も形もそろっていなかったりするけれど、それがとっても魅力《みりょく》的。

新鮮《しんせん》で、みずみずしくて、香りもいい。

だからわたしは、春から秋にかけて、野菜と果物はファームスタンドへ買いに行きます。冬は、収穫物《しゅうかくぶつ》がないから閉《し》まっています。

　仕方なく、スーパーマーケットへ。


　ある年の秋、いつものように近所のファームスタンドへ出かけてみると、野菜売り場の隣《となり》で、ひとりの女の人がパン屋さんを開いていました。

　パン屋さんと言っても、独立《どくりつ》したお店ではなくて、いわゆる屋台。テーブルの上に、自分で焼いて持ってきたパンを並《なら》べて売っています。

　並《なら》んでいるパンを見て、思わず、笑ってしまいました。

　どのパンも、ごつごつしていて、まるで煉瓦《れんが》のように見えたからです。

〈横綱《よこづな》パン〉と、名づけたくなりました。

　女の人が声をかけてくれました。

「ちょっと試食してみる？」

　細かく切ったパンをつまようじで刺《さ》して、差し出しています。

「ありがとう。じゃあ、遠慮《えんりょ》なく」

食べてみました。

「わあっ！　びっくり！　こんなおいしいパン、アメリカに来て、初めて食べました！　すごいすごい、信じられない、すごいです！」

本当に、驚《おどろ》いてしまいました。

外側はごつごつしているのに、中身はふわふわで、ふわふわなのに、もっちりしています。どうやったら、こんなパンが焼けるのだろうか。

この人は「パンの魔法使《まほうつか》いだ」と思いながら、わたしはさっそく彼女《かのじょ》の作ったパンを二斤《きん》、買って帰りました。

くるみ入りと、シナモン&レーズン入り。

家に戻《もど》って、少年Gにも食べてもらったところ、彼《かれ》もびっくりしています。

「アメリカ人も、やればできるんだなぁ」

などと言っています。

それ以来、わたしたちは、ファームスタンドで彼女《かのじょ》が屋台を出していると、必ず何斤《きん》か買い求めて〈おいしいパン生活〉を続けていました。

けれど、その生活は、長くは続きませんでした。

あるときを境《さかい》にして、彼女《かのじょ》の屋台はふっつりと、姿《すがた》を消してしまったのです。

ファームスタンドの経営者《けいえいしゃ》に尋《たず》ねてみたら、こんな答えが返ってきました。

「彼女《かのじょ》はね、実は重い病気にかかっていたんだ。自分に残された短い時間をどう生きるか。彼女《かのじょ》はとびきりおいしいパンを焼いて、ぼくらに食べさせようと考えた。彼女《かのじょ》の職業《しょくぎょう》は彫刻家《ちょうこくか》だった。あれは、彫刻家《ちょうこくか》が焼いたパンだったんだよ」

だから、芸術的《げいじゅつ》においしかったのです。

もう二度と、食べることのできない芸術家《げいじゅつか》のパン。

記憶《きおく》のなかで、きょうもその味を噛《か》み締《し》めています。

アンパンマン先生

みなさんもよくごぞんじの、アンパンマンのお話。

アンパンマンは、お腹《なか》を空かせた人に、アンパンでできている自分の顔をちぎって食べさせてあげた正義《せいぎ》の味方です。

彫刻家《ちょうこくか》の作った、人生最後の彫刻《ちょうこく》（それがパンだった）に、どこか共通するところがありますね。

実はアンパンマンの作者であるやなせたかし先生は、わたしの仕事と人生の恩師《おんし》でもあるのです。だから、わたしにとっては〈やなせ先生〉なのです。

先生と知り合ったのは、わたしが中学生のときでした。

当時、先生が出版《しゅっぱん》した詩集を読んで、わたしは先生のファンになり、大学生になってから、先生が編集長《へんしゅうちょう》を務《つと》めていた雑誌《ざっし》に詩を送るようになり（これもわたしの踏《ふ》み出した第一歩）、ある年に、先生がわたしに詩の賞《しょう》を与《あた》えてくださり、東京や京都でお目にかかってお話もするようになり――

つまり、中学生時代から、先生が亡《な》くなられるまでの四十年あまり、わたしは先生の教え子だったのです。

先生から、いろんなことを教わりました。

小学校から大学まで、合計十六年間、学校の教室で学んだことの、何倍も多くのことを、わたしは先生から学びました。

小説家になれたのも、先生のおかげだったと思っています。

「わたしの夢《ゆめ》は小説家になることなんです」

そう言ったわたしを、先生はこんな言葉で励《はげ》ましてくださいました。

「小説家になるのは難《むずか》しい。しかし、あきらめてしまったら、絶対《ぜったい》になれない。夢《ゆめ》をあきらめることは、一秒でできる。抱《いだ》いた夢《ゆめ》をあたため、発酵《はっこう》させ、努力を重ねて焼き上げるまでには、長い長い長い時間がかかる。時間をかけても、焼き上がらないこともある。それでも努力をし続けるか、一秒であきらめてしまうか、どちらを選ぶ？」

やなせ先生は、画家であり、漫画家《まんがか》であり、イラストレーターであり、編集者《へんしゅうしゃ》であり、そして、詩人でした。

「詩人とは、野の人であるべきだ」――これが先生の信念でした。

大好きな先生の詩。

星の数ほどたくさんあるなかから、ひとつだけ選んであなたに贈《おく》ります。

噛《か》み締《し》めて、味わってください。

パン屑《くず》の幸福

こぼれたパン屑《くず》は
とてもちいさい
もう何の役にも
たたないようにみえる
でもちいさな蟻《あり》にとっては
ありがたい
ちょうどいい大きさだ
これで運びやすくなった

——『やなせたかし全詩集 てのひらを太陽に』より

十一月　落ち葉の歌を聞きながら

怒《いか》りの表明

ああ、もうじき、冬がやってくるなぁ。

きのうまでは、赤、黄、オレンジ、うすむらさき、ピンク、ベージュなど、思い思いの色に染《そ》まって、華《はな》やかで色とりどりの美しいじゅうたんみたいだった森の落ち葉がすべて茶色に変わり、ときおり吹《ふ》いてくる風に舞《ま》い上がりながら、かさこそ、かさこそ、と、音を立てています。

まるで、冬の足音のようです。

十一月の初めの午後。

午前中の仕事を終えて、いつものように、森へ散歩に出かけました。

午前中、わたしがどんな仕事をしていたのかと言うと、日本の子どもたちが環境《かんきょう》

問題をテーマにして書いた作文の、最優秀作《ゆうしゅうさく》、優秀作《ゆうしゅうさく》、入選作などを決めて、感想を書く、という仕事です。

「小さなことでもいいから、ひとりひとりができることをやっていくことで、地球環境《かんきょう》の破壊《はかい》を食い止めることができるのではないか」と書いている子どもの、なんと多かったことでしょう。

「学んだことを行動に移《うつ》すことが大事です」と。

それはきっと、学校の先生から教室で、教わったことでもあるのでしょう。

作文を読みながら、わたしは、こんなことを思っていました。

環境《かんきょう》問題は果たして、大人たちが子どもたちに、教えるべきことなのだろうか。もしかしたらその反対で、子どもたちが大人たちに、教えていくべきことではないのか。

ここでわたしの言う大人たち、という言葉には、国家、政府《せいふ》、企業《きぎょう》、組織《そしき》、団体《だんたい》、学校、学校の先生も、含《ふく》まれています。

大人たちが破壊《はかい》した地球で、生きていくのは、子どもたちです。

地球を破壊《はかい》するということは、子どもたちの未来を破壊《はかい》する、ということです。

子どもたちの未来を破壊《はかい》しておいて、その張本人《ちょうほんにん》が「環境《かんきょう》を大事にしなさい」「学んだことを行動に移《うつ》しなさい」なんて、よく言えるなぁ。

森を歩きながら、わたしはつくづく、こう思いました。

子どもたちはもっと、もっと、怒《おこ》ってもいいのではないか。大人たちが地球をだめにしてしまったことに対して「いったいどうしてくれるんだ」と、抗議《こうぎ》の声を上げるべきなのではないか。

二〇一八年に開かれた国連会議で怒《いか》りを表明した、スウェーデンの環境活動家、グレタ・トゥーンベリさんのように。

仕事部屋に戻《もど》ってきて、森の落ち葉の歌を聞きながら、そして、このエッセイを書きながら、わたしはこう思っています。

いえ、こう叫《さけ》びたい。

怒《おこ》れ！　日本の子どもたち！

「ノー」を言うこと

日本で暮《く》らしていたころ、わたしは誰《だれ》かの意見に対して、反対の意見を持っていても、そのことをなかなか口にできませんでした。

子どものころもそうだったし、大人になってからも、そうでした。

みんなの意見と反対のことを言ったら、嫌《きら》われるのではないか。クラスで、のけものにされるのではないか。こんなことを言ったら、相手に悪いのではないか。

いつも、そんなふうに思って、反対意見も言えなかったし、いやなことにも「ノー」とは言えなかったのです。

そんなわたしだったのに、三十六歳《さい》のとき、アメリカに引っ越《こ》してきて、ニューヨーク州で暮《く》らすようになってからは、反対意見がばしばし言えるようになりました。もちろん、ちょっとでもいやなことがあると、はっきり「ノー」と言います。ただし、笑顔で。

なぜなのでしょう。なぜ、日本にいたときには言えなかったのに、アメリカに来てからは、「ノー」が言えるようになったのか。

それは、まわりのアメリカ人たちが全員、はっきり「ノー」を言うからです。

もちろん反対意見もはっきりと、やわらかな笑顔で。

相手に悪いから、という理由で、反対意見を言わない人は、この国にはいません。

そのことに気づいてから、わたしもアメリカ人のまねをして、いやなことに対しては「ノー」と、はっきり言うようにしてみたのです。

これはとても気持ちのいいことでした。

言葉もすっきり、心もすっきり、あと味もさわやか。

磨《みが》き上げたばかりの窓《まど》みたいです。

みなさんにも、経験《けいけん》があるのではないでしょうか。

心のなかで「ああ、いやだなぁ」と思っているのに「いやです」と言えなかった経験。言いたいのに、言えなかった意見。

「ノー」と言いたいのに言わないでいることは、とっても気持ちの悪いことではありませんか。

気持ちの悪いことを積み重ねていると、毎日がゆううつ。

汚《よご》れで曇《くも》った窓《まど》からは、きれいな景色は見えません。

そう、アメリカへ来て「ノー」が言えるようになってから、わたしの毎日は、ゆううつではなくなり、窓《まど》の外の美しい森もちゃんと見えるようになったのです。

抗議《こうぎ》をする

このエッセイを書いているさなかに、こんなできごとがありました。

ある新聞社の記者から、事前に「載《の》せていいですよ」と、許可《きょか》をもらっていた記事の一部を、わたしは自分の原稿《げんこう》に書きこんでいたのです。

ところが、その原稿《げんこう》を目にした、この新聞社の別の部署《ぶしょ》の人から「これは無断掲《むだんけい》載《さい》である」と、クレームが届《とど》きました。

おかしいなぁ。

わたしは首をかしげました。

だって、ちゃんと、事前に許可《きょか》をもらっていたのに、なぜそれが無断掲載《むだんけいさい》になるのか、わからなかったからです。

さっそく、事前に掲載許可《けいさいきょか》をくれていた新聞記者に、問い合わせをしました。

その人も「おかしいですねぇ」と、つぶやいています。のらりくらりと。

どうして、こういうことが起こったのでしょうか。

これは、わたしの推察《すいさつ》に過《す》ぎませんけれど、おそらくその新聞社内では、記事の転載《てんさい》や引用に関する決まりが社員全員に、きちんと説明できていなかったのではないでしょうか。

それにしても、会社でそういうことがあった場合、迷惑《めいわく》を被《こうむ》るのは、わたしという個人《こじん》です。

個人《こじん》はたったひとりで、会社というのは大勢《おおぜい》の人間の集団《しゅうだん》です。

ひとり・対・集団《しゅうだん》です。闘《たたか》ったら、確実《かくじつ》に負けます。

でも、放っておいていいはずはありません。

わたしは新聞社に抗議《こうぎ》をしました。

杓子定規《しゃくしじょうぎ》なお詫《わ》びの言葉を重ねるだけの新聞記者に抗議《こうぎ》をしても、埒《らち》があかないと思ったのです。

こういうことがあっては困《こま》ります、と、会社に対して意見を述《の》べました。

そして、わたしに対して、謝《あやま》ってください、とお願いしました。

その日は土曜日。会社からの返答は「月曜日にお返事をします」とのことでした。

その後、返事があったかどうか、それはどんな返事だったのか、あなたには想像《そうぞう》できますか。

返ってきたのは、やはり、形式的なお詫《わ》びの言葉だけでした。

読んでも腹《はら》が立つだけの、虚《むな》しい言葉の連なりです。

記者がそういう人なら、会社もそういう会社なのです。

でも、抗議《こうぎ》をした、という事実は残ります。少なくとも、わたしの記憶《きおく》には。

この話をみなさんに向けて書いたのは、みなさんも学校や社会で、こういうできごとに遭遇《そうぐう》したときには、黙《だま》っていないで、あるいは、泣き寝入《ねい》りをしないで、きちんと抗議《こうぎ》をしてほしいと思うからです。

日本ではこういうとき、黙《だま》っている方がいい、波風を立てるのは良くない、と、考える人が多いのではないでしょうか。

アメリカでは、逆《ぎゃく》です。

黙《だま》っていると、誤解《ごかい》を招《まね》きます。

つまり、わたしはまったく悪くないのに、抗議《こうぎ》をしないで黙《だま》っていると、わたしが悪かったと、自分の非《ひ》を認《みと》めていることになってしまう。

だからわたしは抗議《こうぎ》をしました。

たとえ無礼な返事しか返ってこないとわかっていても、相手が新聞社であっても、誰《だれ》であっても、正当な抗議《こうぎ》の声は上げなくてはなりません。

いじめを目撃《もくげき》したら

このできごとを、日本の学校でよく起こっている、いじめに置き換《か》えて、考えてみましょう。

いじめられている人を見たとき、あなたはどうしますか。

黙《だま》って、見て見ぬふりをしますか。
抗議《こうぎ》をしますか。
抗議《こうぎ》をすると、今度は自分がいじめられるかもしれないから、黙《だま》っていますか。
何も言わないで黙《だま》っている、ということは、あなたもやはり、いじめを容認《ようにん》して
いるということになります。
いじめられた人が誰《だれ》かに相談をするのは、とても難《むずか》しいことのようです。
親にも、きょうだいにも、先生にも、友だちにも相談できないまま、自殺《じさつ》してし
まう子もいるほどです。
でも、いじめを目撃《もくげき》した第三者ならば、それを誰《だれ》かに告《つ》げることは、わりと簡単《かんたん》
に、できるのではないでしょうか。
勇気を持って、告《つ》げてください。
告《つ》げるのが難《むずか》しければ、手紙を書いてください。
数年ほど前に、いじめられていた子どもから、手紙を受け取ったことがあります。

サイン会に来てくれたお母さんから、その子が書いた手紙を手渡《てわた》されて「これを読んでやってください」と、頼《たの》まれました。

幸いなことに、わたしが手紙を受け取ったときには、その子はもう、いじめのあった学校を卒業していたので、問題はある程度《ていど》、解決《かいけつ》していたようです。

ある程度《ていど》、と書いたのは、いじめられた人の心の傷《きず》は、そんなにすぐには癒《い》えないからです。

手紙を受け取って読んだあと、自分に何ができるだろうかと考えました。

わたしにできることは、書くことだと思いました。

返事の手紙を書きました。

そして、このエッセイも書きました。

相手が親であっても、学校であっても、先生であっても、会社であっても、いやなことに対しては「ノー」と言いましょう。

間違《まちが》っていると思ったことに対しては、言葉を尽《つ》くして、抗議《こうぎ》をしましょう。

いじめを見かけたら「ノー」と言いましょう。

アメリカでは、いじめや虐待《ぎゃくたい》や家庭内暴力《ぼうりょく》や校内暴力《ぼうりょく》を含《ふく》めて、子どもたちがなんらかの暴力《ぼうりょく》をふるわれたときには、警察《けいさつ》に連絡《れんらく》することができます。スマートフォンで〈911〉を押《お》せば、警察官《けいさつかん》がパトカーに乗って、現場《げんば》まで助けに来ます。

こういう制度《せいど》が日本にもあればいいのになぁと思います。

制度《せいど》があれば、いじめや暴力《ぼうりょく》がすぐになくなる、などとは、思っていません。いませんけれど、子どもたちの命が助かるための、何らかの方法があるということは、すごく重要なことではないかと思っています。

これがきょう、十一月の落ち葉の歌を聞きながら、わたしが考えたことです。

あなたはどう思いますか。

どんな意見を持っていますか。

もしもわたしに対して「ノー」が言いたかったら、反対の意見があったら、いつでも聞かせてください。

わたしは、聞く耳を持っています。

十二月　雪の毛布《もうふ》にくるまれて

幸せな休暇《きゅうか》

きょう、森に初雪が降《ふ》りました。

冷たい風に乗って空から、はらはら、ひらひらと舞《ま》い降《お》りてくる、白い小鳥の羽根のような雪。

ふわふわしています。軽そうです。

この雪が積もることはありません。

英語では〈フラリー〉と呼《よ》ばれています。

雪の妖精《ようせい》たちが「こんにちは。今年もおじゃまします」と言って、森を訪《たず》ねてきたような雪景色を眺《なが》めながら、クリスマスツリーの飾《かざ》り付けをしました。

リビングルームの暖炉《だんろ》のそばに、わたしの背《せ》の高さとほぼ同じくらいのツリーを

立てて、枝先《えだ》に、金、銀、白、赤などの飾《かざ》りを付けていきます。

アメリカでは、十一月の最終週の木曜日に感謝祭《かんしゃさい》の休日があって、それが終わると、本格的《ほんかくてき》なクリスマスのシーズンが始まります。

通りや広場や店先にも、家々《いえいえ》の玄関《げんかん》や軒先《のきさき》や庭にも、華《はな》やかなツリーや、赤いリボンを結んだリースや、ぴかぴか光るライトの飾《かざ》りがお目見えします。

ここまでは、日本のクリスマスと同じですね。

でも、日本とアメリカのクリスマスツリーには、ひとつ、違《ちが》いがあります。

それは、アメリカでは十二月二十六日を過《す》ぎても、お正月になっても、一月中旬になっても、まだまだ、クリスマスツリーやクリスマスの飾《かざ》り付けをそのままにしておく、ということ。


十二月二十五日が近づいてくると、人々《ひとびと》は「ハッピー・ホリデイズ！」と、あいさつの言葉を交わし合います。

ハッピー・ホリデイズの意味は、幸せな休暇《きゅうか》。「冬休みを楽しく、幸せに過《す》ごしてね」と、互《たが》いに声をかけ合うわけです。

日本ではきっと「メリー・クリスマス！」と、言っているのではないでしょうか。いつのころからか、アメリカでは「メリー・クリスマス！」の代わりに「ハッピー・ホリデイズ！」を使う人が多くなりました。

なぜ「幸せなクリスマスを」ではなくて「幸せな休暇《きゅうか》を」と、言うようになったのでしょうか。

クリスマスはご存《ぞん》じの通り、キリスト教にちなんだ祝日ですね。正確《せいかく》に言うと、十二月二十五日は、イエス・キリストの誕生日《たんじょうび》ではありません。クリスマスとは、キリストの降誕《こうたん》（聖《せい》なる人になること）を祝うための休日なのです。

アメリカには、キリスト教以外の宗教《しゅうきょう》を信仰《しんこう》している人たちも多く暮《く》らしています。イスラム教、ユダヤ教、仏教《ぶっきょう》、ヒンズー教、そのほかにも、いろんな宗教《しゅうきょう》があります。キリスト教以外の宗教《しゅうきょう》を信じる人たちにも敬意《けいい》を払《はら》い、どんな宗教《しゅうきょう》を信じている人たちにとっても、楽しくて幸せな休暇《きゅうか》になりますように、という願いをこめて、人々《ひとびと》は「ハッピー・ホリデイズ！」という言葉を使うようにしたのです。

あいさつの会話セット

散歩の途中《とちゅう》で、近くに住んでいるマークとカレンに出会いました。

「こんにちは、元気？　寒くなったね」

「わたしは元気です。ありがとう。あなたたちは？」

「ありがとう。とっても元気よ」

「それは良かった。じゃあ、すてきな一日を！」

「ありがとう。あなたもね！」

これが、知り合いに出会ったときの、あいさつの会話の基本《きほん》です。

スープ、サラダ、パン、メイン料理、デザートがセットになっているのはランチセット。これは、あいさつの会話がセットになっているから会話セット。

コースメニューの内容《ないよう》を解説《かいせつ》すると、

（1）どちらかが相手に「元気ですか」と尋《たず》ねる。

（2）尋《たず》ねられた人は答えを返したあとに「あなたはどうですか」と尋《たず》ね返す。
（3）相手も「元気です」と答える。
（4）「良かったね」と答えを返す。さようならの代わりに「すてきな一日を」と言う。
（5）「あなたもね」と言葉を返す。

この五つのフレーズがひとまとまりのセットになっているわけです。

そして、ホリデイ・シーズンになると（4）のところで「ハッピー・ホリデイズ！」を付け加えます。

都会では、見知らぬ人同士《どうし》の場合、五つが全部そろったあいさつは、ほとんどしません。田舎《いなか》では、します。

わたしが住んでいるのは田舎《いなか》なので、知らない人とすれ違《ちが》ったときにも、このあいさつセットが活躍《かつやく》しています。

ひとつではない家族の形

マークとカレンは、わたしがこの森に住むようになったばかりのころからの知り合いなので、この基本《きほん》セットに加えて、互《たが》いの近況《きんきょう》を尋《たず》ね合います。

「ところで、娘《むすめ》さんは元気?」

「ありがとう。彼女《かのじょ》もとっても元気よ。大学を卒業して、今は仕事を探《さが》しているところ。たぶん、ある大学の、入学手続き事務所《じむしょ》で働くことになりそうかな」

「息子さんは?」

「彼《かれ》もとっても元気だよ。彼《かれ》はマンハッタンで大学に通っている。経営学《けいえいがく》を勉強している。会計士《かいけいし》を目指している。ところで、グレンは元気?」

グレンというのは、少年Gのことです。

わたしが子どもたちの近況《きんきょう》を尋《たず》ねたので、ふたりはわたしのパートナーの近況《きんきょう》について尋《たず》ねたのです。

尋《たず》ねたら、尋《たず》ね返す。

これも会話のエチケット。

ところどころで、ジョークを交える。これもエチケットの一種。

五分ほど立ち話をして、最後は「ハッピー・ホリデイズ！」「あなたもね」で、別れます。もっと親しい間柄《あいだがら》であれば、ここにハグが加わります。

マークは法律《ほうりつ》関係の仕事をしていて、カレンは医療《いりょう》関係の仕事をしています。

何代目になるのか、たぶん三代目か四代目になるのではないかと思われる、飼《か》い犬のマックスを連れて、ふたりは去っていきました。

ふたりは、ユダヤ系《けい》アメリカ人の夫婦《ふうふ》です。

ちなみに〈～系《けい》〉は、本人がみずから述《の》べるまでは、相手には尋《たず》ねてはいけません。五月にお話しした、マイクロアグレッションを思い出してください。

とはいえ、ファミリーネーム（苗字《みょうじ》）を見ると、だいたい推察《すいさつ》できるようになっています。たとえば、わたしが自分のファミリーネームを言えば、相手は、ああ、この人は日系《にっけい》なんだなぁとわかる、という按配《あんばい》です。

マークとカレンの娘《むすめ》は、中国で生まれ、赤ん坊《ぼう》のときに養女として引き取られて、アメリカで暮《く》らすようになりました。顔つきはわたしと同じ、アジア人です。

一方の息子は、養女を迎《むか》えたあとに生まれた、夫婦《ふうふ》の子ども。

つまり、夫婦《ふうふ》のあいだに、養子の姉と、実子の弟がいる。

実はこのような家族は、アメリカでは決して珍《めずら》しくありません。

日本人の夫婦《ふうふ》のあいだに、日本人の子どもがいる、という形態《けいたい》ではない家族も、アメリカにはたくさんあるのです。

シングルマザーの家族。元大統領《だいとうりょう》のクリントンやオバマも母子家庭で育ちました。

シングルファーザーの家族。

両親が同性婚《どうせいこん》をして、養子を育てている家族。ふたりのお父さんに手をつながれて歩いている子。うちの近所でもよく見かけます。


少年Gは、こんな家庭で育ちました。

父親は、ユダヤ系《けい》アメリカ人。祖父《そふ》はアイルランド系《けい》。祖母《そぼ》はユダヤ系《けい》。

母親は、非《ひ》ユダヤ系《けい》で非《ひ》アイルランド系《けい》。祖母《そぼ》のルーツは先住民族。

彼《かれ》の両親は、彼《かれ》が十八歳《さい》のときに離婚《りこん》しました。

その後、両親はどちらも、別の人と再婚《さいこん》しました。

彼《かれ》には、四人の親ができました。

親の再婚《さいこん》によって、新たにできた親のことは〈ステップマザー〉〈ステップファーザー〉と呼《よ》ばれています。

ステップファーザーは、インド系《けい》アメリカ人で、娘《むすめ》がひとり。

ステップマザーは、ドイツ系《けい》アメリカ人で、娘《むすめ》がふたり、息子がひとり。

それぞれの親の、前の配偶者《はいぐうしゃ》とのあいだにできた子どもは〈ステップシスター〉〈ステップブラザー〉と呼《よ》ばれています。

彼《かれ》はこれらの家族全員と、分け隔《へだ》てなく、仲良くしています。

両親の離婚《りこん》と再婚《さいこん》をきっかけにして、親が四人になった、だけではなくて、ひとりっ子だった彼《かれ》には、きょうだいが四人もできたのです。

少年Gはいつもこう言っています。

「それまで、あんまり仲が良くなかった父と母が離婚《りこん》してくれたときには、本当に、心の底から、うれしかった。そのあとにできた、義理《ぎり》の両親や義理《ぎり》のきょうだいはみんな、いい人たちばかりで、ぼくはすごーく得《とく》した気分だったなぁ。ぼくは家族には本当に恵《めぐ》まれているよ。バラエティに富んだ家族を持つことができて幸せだ」

家族だけではありません。

移民《いみん》が築《きず》き上げた国で、州が五十あるアメリカには、実にさまざまなルーツを持った人たちが隣《とな》り合わせになって暮《く》らしています。

宗教《しゅうきょう》のみならず、人種も、生まれた国も、考え方も、文化も、思想も、生活習慣《しゅうかん》も、母国語も異《こと》なる人々《ひとびと》が同じアメリカ人として、肩《かた》を寄《よ》せ合い、手と手を取り合って暮《く》らしています。

今ではわたしもそのひとりです。

わたしは日本で生まれ育った日本人です。けれど、アメリカは、わたしがその気にさえなれば、アメリカ人として受け入れてくれる国。

ここには、多様性《たようせい》というものが最初から存在《そんざい》している。

多様性《たようせい》で成り立っている国、それがアメリカである、と言っても決して過言《かごん》ではないでしょう。

　わたしはそんなアメリカが好きです。

動物たちのハッピー・ホリデイズ

　十二月の半ば過《す》ぎ、毎年、まとまった雪が降《ふ》ります。まとまった雪は根雪になって、その上にあとから、あとから、新しい雪が降《ふ》り積もって、森も町も白一色になります。

　この雪は、翌年《よくとし》の四月まで解《と》けません。

　秋のあいだ、一生けんめい、木の実を拾い集めていたりすたちは、それぞれのねぐらで、冬眠《とうみん》をしています。

　しまりすは地下に掘《ほ》った穴《あな》のなかで、銀灰色のりすたちは木の上の方に作った家のなかで、黒熊たちは森の奥深《おくふか》くにあるほら穴《あな》で、きっと幸せな夢《ゆめ》を見ていることでしょう。

　ぶあつく降《ふ》り積もった雪は、温かな毛布《もうふ》となって、冬眠《とうみん》する動物たちを守っているかのようです。静かな静かな冬の森です。

春から夏の終わりにかけて、この森へ渡《わた》ってきていた小鳥たちは今、暖《あたた》かい土地へ戻《もど》って暮《く》らしているのでしょう。

真冬でもこの森に残って、活発に行動している小鳥たちもいます。鹿たちは冬眠《とうみん》しないで、冬のあいだも食べ物を探《さが》して、雪原に点々《てんてん》と足跡《あしあと》を残しながら、あちこちを歩き回っています。たくましいなぁと思います。

森には、いろんな生き物が住んでいます。多様性《たようせい》で成り立っているのが森です。森だけではなくて、海だって、砂漠《さばく》だって、地球だって。

この地球の多様性《たようせい》を、わたしたち人間は、壊《こわ》してはならないと思います。

動物たちも人間たちも、温かい一枚《まい》の毛布《もうふ》にくるまれて、温かさを分かち合いながら、仲良く眠《ねむ》りにつきたいものです。

それが平和というものでしょう。

ハッピー・ホリデイズは、幸せな休暇《きゅうか》は、世界の平和なしには成り立たないものだと思うのは、わたしだけではないはずです。

早春恋歌

舞いおちてはとける
淡雪の夜
夜の電車の乗客は
わたしのほかには
やせたひとりの少年と
髪のながいひとりの少女
　ふたりは見つめあってほほえみ
雪を見てほほえみ
手をかさねてほほえんだ

それからふたりは
たがいのかばんの中から
白い小さな包みをとりだした
それはどこかの神社のおまもりで
少年は少女に
少女は少年に
それをそっと渡すのだった
　ふたりはおまもりを見つめてほほえみ
　雪を見てほほえみ
　手をかさねてほほえんだ
ふしぎなことに
電車の座席が夜のやみにとけて
まるでふたりは
雪のなかにすわっているように見えた

あれから少年は
どこへ旅しただろう
あれから少女は
どこへ帰っただろう
雪の夜にかわしたおまもりのことも
もう忘れているのだろうか
それともあの思い出を抱いて
ふたりで暮らしているのだろうか

――『だけどなんにも言えなくて』より

一月　でっかい国と小さな島国

お正月のないアメリカ

「あけましておめでとう！」と、わたし。
「ハッピー・ニューイヤー！」と、少年G。
きょうは元日。新しい年の最初の一日です。
わたしたち夫婦《ふうふ》はこれからお雑煮《ぞうに》を食べて、近くの神社へ初詣《はつもうで》に行くのでしょうか。
行きません。
行きたくても、神社がないから。
ここはアメリカ。
ニューヨーク州の北西部に広がっている広大な森のなかで、わたしたちは三十年

ほど前から暮《く》らしています。

アメリカでは、日本と同じように、一月一日は休日です。

会社、役所、学校、郵便局《ゆうびんきょく》、図書館、お店なども、この日はお休みになります。

けれども、一月二日からはすべて、いつもの通りに戻《もど》ります。会社も学校も、二日から始まります。

十二月三十一日も、いつもの通りでした。

アメリカには、日本にあるようなお正月のお休みは、ないのです。当然のことながら、お年玉もありません。

みなさん、それでは困《こま》りますか。

道で誰《だれ》かとすれ違《ちが》ったら「あけましておめでとう！」と、あいさつの言葉は交わします。でも、それだけ。お正月だからと言って、特別な衣服、たとえば着物を着たり、特別な料理、たとえばおせち料理を食べたりはしません。

いつもと同じ、ごく普通《ふつう》の休日。

それがアメリカのお正月なのです。

カルチャーショック

初めてアメリカで年末年始を経験《けいけん》したときには、本当にびっくりしました。わたしは、アメリカでも当然、お正月は三日までお休みなんだろうと思っていたからです。

このように、国が違《ちが》えば、新年の過《す》ごし方もがらりと変わります。

自分が慣《な》れ親しんできた習慣《しゅうかん》や文化、これが当たり前だと思っていた常識《じょうしき》や考え方とは異《こと》なったものに触《ふ》れたり、接《せっ》したりしたとき、人は「へえっ！」と驚《おどろ》きますね。「わあ、そうだったのか」と新しい発見をして、感動することもあるでしょう。

こういう驚《おどろ》きや感動のことを〈カルチャーショック〉と言います。

お正月のほかに、わたしがアメリカで経験《けいけん》したカルチャーショックをもうひとつ。

みなさんは、家や学校でお手洗《てあら》いを使ったあとは、必ずドアは閉《し》めておきますね。

アメリカでは、閉《し》めません。

あけたままにしておきます。

なぜならアメリカでは、ドアが閉《し》まっているとい「誰《だれ》かが使っているさいちゅうだ」と考えるからです。ドアをあけておくことで「今は誰《だれ》も使っていませんよ、どうぞお使いください」と、示《しめ》していることになるのです。

たかがお手洗《てあら》いのドア一枚《まい》。

こんな小さなことにも違《ちが》いがあるなんて、おもしろいと思いませんか。

そう、カルチャーショックというのは、とてもおもしろいものなのです。少なくともわたしにとっては、そうでした。

もちろん、それは人によると思います。

わたしにとってはおもしろいショックでも、別の人にとっては、腹《はら》が立ったり、悲しかったりすることもあるでしょう。

少年Gは、東京でぎゅうぎゅう詰《づ》めの満員電車に乗ったときや、日本で鎖《くさり》につながれている犬を初めて見たときには、悲しいカルチャーショックを受けたそうです。

でも、まずは、受け止めましょう。

満員電車と鎖《くさり》でつながれた犬を受け入れるのは難《むずか》しいかもしれないけれど、たとえば、廊下《ろうか》とお手洗《てあら》いには別々《べつべつ》のスリッパがあるということくらいは、黙《だま》って受け止めてほしいと思います（少年Gにもそう言いました）。

その国にはその国の習慣《しゅうかん》があり、長い年月を通して、つちかわれてきた文化がある、ということを、わたしはにっこり笑って受け止めたいと思います。

はだしの少年と無口な少女

少年Gは、ハワイ州ホノルルで生まれました。

ハワイ州は太平洋に浮《う》かぶ島々《しまじま》で、アメリカの一州でありながら日本に近く、明治時代には、日本からの移民《いみん》がたくさん渡《わた》っていったので、今でも、日系《にっけい》アメリカ人の数が圧倒《あっとう》的に多い州です。

わたしは、岡山県備前市《びぜんし》で生まれました。

温暖《おんだん》な気候に恵《めぐ》まれ、晴天の多い岡山県にある備前市《びぜんし》は、備前焼《びぜんやき》という陶芸《とうげい》で知られる村（町というよりは村、という印象《いんしょう》が強い）です。

少年Gの通っていた小学校はホノルル市内にあって、小・中・高まで一貫《いっかん》教育をしている私立《しりつ》の学校でした。オバマ元大統領《だいとうりょう》も通っていた学校です。

その学校では当時、

「子どもたちはみんな、はだしで学校へ通っていたんだよ。運動場でも教室でも、もちろん、はだしのまま。あれは楽しかったなぁ。靴《くつ》をはかなくてもいいんだからね。気持ち良かったよ！」

と言います。

確《たし》かに、気持ちよさそう！

はだしの少年にとって、学校とは、とても楽しい場所だったのです。

毎日が驚《おどろ》きと発見と感動の日々《ひび》だったようです。

一方のわたしは、学校へ行くのがいやでいやでたまらない女の子でした。

なぜ、いやだったのかというと、まず、教室でやらされる「起立！　礼！」というあのあいさつ。軍隊みたいな「右へならえ！」——あれがいやでした（これは五十年以上前のことなので、今はもう、そういうやり方はしなくなっていることを願うばかりです）。

それだけではありません。

思い出すのもいやですけれど、教室で先生から出席簿《しゅっせきぼ》で叩《たた》かれたり、チョークを投げられたり、廊下《ろうか》に立たされたり、とにかく生徒に暴力《ぼうりょく》をふるう教師《きょうし》が多かった。あとは、運動会の行進とか、講堂《こうどう》での朝礼とかも、いやでした。点数だけで成績《せいせき》を評価《ひょうか》されることも、人と競争して、勝たなくてはならないのだ、と教えられることも。

でも、いやだからと言って、学校へ行かないわけにはいきませんから、仕方なく、通っていました。だから、教室ではいつもじっと黙《だま》って、ああ早く授業《じゅぎょう》が終わらないかなぁ、と、そればかりを思っていました。

はだしの少年と無口な少女が出会ったのは、京都の本屋さんです。

少年は二十二歳《さい》、少女は二十八歳《さい》。

大学を卒業して、かねてから興味《きょうみ》のあった日本へやってきた彼《かれ》と、小説家を目指しながら書店でアルバイトをしていたわたしは、お客さんと店員として、出会ったのです。この出会いについては、前にも書きましたね。

思い出してくれましたか。

そう、縁結《えんむす》びの神様は〈紙切れ〉じゃなくて、手紙です。

彼《かれ》は独学《どくがく》で日本語を勉強し始めたばかり。

わたしは中・高・大まで十年間も学校で英語の授業《じゅぎょう》を受けてきたのに、ひとことも英語をしゃべれない、という情《なさ》けないありさま。

それでも、恋人同士《こいびとどうし》になることはできたのです。

言葉の壁《かべ》は、ほとんどなかったなぁ。

ふたりとも、文学が好き、自然が好き、動物が大好き、という大きな共通点があったからでしょうか。

おとぎ話みたいですよね。

大きな地球の、ある一点で、違《ちが》った国の人と人が出会って、下手な日本語と下手な英語で会話を交わすようになって、付き合うようになり、結婚《けっこん》までしてしまうなんて！

アメリカには五十の国がある

先にも書いたように、少年Gが生まれ育ったのはハワイ州で、現在《げんざい》、わたしたちが暮《く》らしているのはニューヨーク州で、アメリカには、五十の州があります。面積から考えると、日本は、カリフォルニア州にすっぽり入ってしまうほどの広さしかありません。

アメリカの広大さは、これで想像《そうぞう》がつくでしょうか。

ニューヨーク州は、北アメリカ大陸の東海岸にある州です。地図でいうと、右側の方に位置します。

東海岸には、ほかにも、メイン州、マサチューセッツ州、ニュージャージー州、ペンシルベニア州、バージニア州など、さまざまな州があります。

十七世紀《せいき》の初めごろ（今から四百年以上前）に、オランダ、イギリス、その後、イタリア、ロシア、ポーランド、ドイツ、アイルランド、カナダなどから、次々《つぎつぎ》に人々《ひとびと》が移《うつ》り住んできたのはこのエリアです。

ヨーロッパ人による入植によって、それまで住んでいた先住民族の人たちは、虐《ぎゃく》殺《さつ》されたり、土地を奪《うば》われたりしました。

現在《げんざい》のアメリカでは、このときの虐殺《ぎゃくさつ》や迫害《はくがい》を反省し、コロンブスがアメリカ大陸を発見した日――〈コロンバスデイ〉という休日を、廃止《はいし》しようとする動きも出ています。

そして、西海岸にあるのが、ワシントン州、カリフォルニア州、オレゴン州などです。西海岸の各州へは、ハワイ州と同じように、明治時代に多くの日本人が移民《いみん》として、移《うつ》り住みました。

東部と西部のあいだにぎっしりと挟《はさ》まっているのが南部の各州と、中西部の各州です。

アメリカの首都、ワシントンDCや、テキサス州、フロリダ州などは、南部にあります。

ノースダコタ州、サウスダコタ州、アイオワ州、ミシガン州などは、中西部にあります。

あっ、忘《わす》れてはいけません。

もう一州、カナダの北西部に隣接しているアラスカ州。

これも五十州のうちのひとつです。


ニューヨーク州が雪におおわれて、子どもたちが雪だるまを作っているときに、ハワイ州ではみんなが水着でビーチで遊んでいます。

気候も違《ちが》えば、風土も違《ちが》い、食べ物や生活習慣《しゅうかん》も異《こと》なっています。

そしてさらに、広大な地域《ちいき》にまたがっているこれらの五十州では、税率《ぜいりつ》も、法律《ほうりつ》も、各種の制度《せいど》も、それぞれに異《こと》なっています。

死刑《しけい》を禁止《きんし》している州もあれば、銃《じゅう》の所有が簡単《かんたん》にできる州もあるし、難《むずか》しい州もあります。

たとえば、ワシントン州では消費税《しょうひぜい》は九パーセントで、すぐ隣《となり》のオレゴン州ではゼロです。

つまり、アメリカとは、五十の州、というよりは、五十の国が集まって、ひとつにまとまった国、と言っても過言《かごん》ではないのです。

アメリカは、でっかい国です。

小さな島国で生まれ育ったわたしにとっては、途方《とほう》もなく大きな国。わくわくとどきどきに満ちた、ワンダーランドのように思えます。

もう三十年以上、この国で暮《く》らしていますけれど、それでもまだまだ驚《おどろ》きや発見や感動があります。

アメリカ国内旅行はわたしにとって、ワンダーランドへの冒険《ぼうけん》旅行みたいなもの。

これまでに旅したことのある〈国〉は、ハワイ、カリフォルニア、コロラド、アリゾナ、ユタ、ニューメキシコ、ワシントンDC、ニュージャージー、ニューハンプシャー、バーモント、マサチューセッツ、コネチカット、バージニア——

さあ、来年はどこへ行こうかな。

二月　誰《だれ》に何を贈《おく》りますか

国境《こっきょう》を越《こ》える言葉たち

二月十四日は、バレンタインズ・デイですね。

この一行を読んで「あれ？　バレンタインデーじゃないの」と思ったあなたは、言葉に関心のある人です。

確《たし》かに日本では〈バレンタインデー〉と呼《よ》ばれています。

でも、この言葉を、もしもアメリカに来て、アメリカ人に対して口にしたら、相手は「はぁ？　なんですか、それは」と、首をかしげられるかもしれません。

なぜなら、バレンタインデーの正確《せいかく》な英単語はValentine's Dayだからです。

ローマ帝国《ていこく》時代にキリスト教の司祭だった、聖《せい》バレンタインという人にちなんだ祝日、つまり、バレンタイン【の】日＝バレンタインズ・デイ。

〈デー〉ではなくて〈デイ〉と書いたのは、この方が実際《じっさい》の発音に近いから。

たかがバレンタインデー。

されどバレンタインズ・デイなのです。

このように、英語が日本に渡《わた》ってきて、元の英語とは少しばかり違《ちが》った形の日本語に変わってしまった言葉を、和製《わせい》英語と言います。

たとえば、スクランブルエッグ。元の英単語は、スクランブルド・エッグズ。

たとえば、クッキー。これはクッキーズ、と複数形《ふくすうけい》で言わないと、正しい英語にはなりません。

たとえば、ホットケーキ。これはアメリカではパンケーキです。

たとえば、ベビー（赤ちゃん）。これはベイビーと発音しないと伝わりません。

たとえば、マイカーとマイホームは、マイ・オウン・カーとマイ・オウン・ハウスが正しい。

ほかにもまだまだあります。

無限《むげん》にある、と言っても過言《かごん》ではないほど。

アメリカで暮《く》らし始めたばかりのころ、この和製《わせい》英語が頭に焼き付いていたために、わたしはどれほど苦労したことでしょう。

フライドポテトもアイスも、通じません。

英語では、フレンチフライズとアイスクリーム。

アイスをくださいと言うと、氷が出てきます。

フレンチフライ【ズ】と言わなかったら、フレンチフライが一本しか出てこないかもしれませんよ。

テイクアウトは、アメリカではトゥー・ゴー、イギリスではテイク・アウェイ。

「フライドポテトとアイスをテイクアウトします」

日本ではこれで通じますけれど、アメリカではまったく通じません。

ガソリンスタンドは、ガスステーションです。

リビングもダイニングもだめです。リビングルーム、ダイニングルームと言わなくては。アメリカでは、トイレなんて言語道断《ごんごどうだん》。バスルームかレストルームです。

逆《ぎゃく》に、日本からアメリカに渡《わた》ってきて、日本語がほとんどそのまま、英語になった言葉もあります。日本生まれの英単語。

大根、しいたけ、豆腐《とうふ》。どれもそのまま英単語になっています。

発音は「デイコン」「シターキマッシュルーム」「トフ」で、揚《あ》げは「フライド・トフ」――ちょっと、笑えませんか。

白菜のことは、なぜか「ナパー」と呼《よ》ばれています（スペルはNappa）。

言葉って、国境《こっきょう》をすいすい越《こ》えて、自由に行き来できるものなんですね。

そう思うと、ちょっと楽しくなりませんか。

和製《わせい》バレンタインデー

話をバレンタインデーに戻《もど》します。

ここでは〈バレンタインデー〉と書きます。なぜなら、日本だけの話になるからです。つまり和製《わせい》バレンタイン。

みなさんは知っていましたか。

バレンタインデーにチョコレートを贈《おく》るのは、しかも女の子が男の子に、女性《じょせい》が男性《だんせい》にチョコレートを贈《おく》るのは、日本だけだってことを。

アメリカでももちろん、チョコレートを贈《おく》る人はいます。

けれどもそれは、女から男へ、だけではありません。

夫から妻《つま》へ、彼女《かのじょ》から彼《かれ》へ、恋人《こいびと》から恋人《こいびと》へ、性別《せいべつ》は限定《げんてい》されていませんし、チョコレート以外のもの、カード、花束、プレゼントも贈《おく》ります。

食事に誘《さそ》う人も、デートに誘《さそ》う人も、たくさんいます。

ただし、本当に好きな人だけを誘《さそ》います。

アメリカでは、バレンタインズ・デイは、純粋《じゅんすい》な〈愛の日〉だからです。

もちろん日本でも、愛の日なのでしょうけれど、日本ではなぜか、愛してもいない人にもチョコレートを贈《おく》るようですね。

純粋《じゅんすい》ではない愛のチョコ⁉

そのようなチョコレートは〈義理《ぎり》チョコ〉と呼《よ》ばれているそうですね。

そうですね、と、書いたのは、日本を離《はな》れてすでに三十年以上が過《す》ぎているせいでしょうか、わたしにとって、義理《ぎり》チョコというのが実に奇妙《きみょう》なものとして映《うつ》っているからです。

どうして、わざわざ、愛の日に、愛してもいない人にチョコレートを贈《おく》らないといけないのでしょう。

義理《ぎり》チョコのために、お金を使うなんて、もったいない！

そう思って、いろいろ調べてみたところ、なんと和製《わせい》バレンタインデーを考え出したのは、チョコレートを製造《せいぞう》している会社だったようです。

毎年の二月にはチョコレートの売り上げが伸《の》びないので、売り上げを伸《の》ばすために〈バレンタインデーは、女性《じょせい》が男性《だんせい》にチョコレートを贈《おく》る日〉という広告《こうこく》を出した、とのことです。

やれやれ、そういうことだったんですね。

聖《せい》バレンタイン司祭さんはきっと今、天国で、あきれていることでしょう。

みなさん、こんな広告《こうこく》にだまされないで、バレンタインデーには、本当に好きな人だけに、チョコレートを贈《おく》ってくださいね。

ここで復習《ふくしゅう》です。

バレンタインズ・デイは、なんの日ですか。

甘《あま》〜い愛のお菓子《かし》の物語

日本に住んでいたころ、お菓子《かし》やケーキはわたしにとってあくまでも、お店で買うものでした。

アメリカに来てからは、ケーキは自分で作るものになりました。

なぜって、アメリカのケーキって、ただただ大きいだけで、甘過《あます》ぎて、ちっともおいしくなかったから。おいしいケーキを食べたかったら、自分で作るしかなかったのです（昔の話です。今は、アメリカのお菓子《かし》もとってもおいしくなりました）。

それもあったけど、アメリカで初めて暮《く》らした家のキッチンに、それはそれは大きなオーブンが付いていて「さあ、ケーキでも、パンでもどんどん焼きなさい！」と、わたしを誘《さそ》ってくれているようだったから。

それもあったけど、少年Gが大のお菓子《かし》好きで、ケーキでもパイでもタルトでも、とにかく甘《あま》～いお菓子《かし》には目のない人だったから（これは、今もそう）大好きな彼《かれ》を喜《よろこ》ばせてあげたいと思って、ケーキ作りに挑戦《ちょうせん》してみたのです。

そう、愛のケーキです。

わたしはもともと、料理は好きでも得意《とくい》でもありませんでした。

それでも、レシピブックを見ながら、小麦粉《こむぎこ》と砂糖《さとう》と塩を計量カップとスプーンで正確《せいかく》に測《はか》ってボウルに入れて、混《ま》ぜて、そこに卵《たまご》とバターとバニラエッセンスを入れて、さらに、つぶしたバナナを入れて、どろどろになるまでかき混《ま》ぜて、型《かた》に流しこんで、オーブンに入れて一時間後——

わあ！　でき上がった！

というわけで、わりと簡単《かんたん》に、おいしいバナナケーキを焼き上げることができたのです。これが初挑戦《ちょうせん》でした。初挑戦《ちょうせん》で大成功。これですっかり気を良くしたわけです。

ポイントは、材料をただ正確《せいかく》に測《はか》るだけ、あとは、かき混《ま》ぜるだけ。ケーキを焼くのは、わたしじゃなくて、オーブンさんなのです。

なぁんだ、簡単《かんたん》だなぁ。

そんなわけで、次から次へと作りました。

楽しかった！

チョコレートケーキ、キャロットケーキ、レモンケーキ、チーズケーキ、アップルパイ、ピーチパイ、パンプキンパイ、ピーカンパイ、キーライムパイ、チェリータルト、ブルーベリータルト、シュークリーム、ブラウニー――もう、こうして書き並《なら》べているだけで、このページが終わってしまいそうです。

お菓子《かし》作りが楽しいと思ったもうひとつの理由は、お菓子《かし》作りをしていると、童話や物語がどんどん浮《う》かんでくること。

おかげでわたしは、お菓子《かし》作りをテーマにした児童書をたくさん書くことができました。十月に、お話しした通りです。

どんどん焼いて、どんどん書きました。

ケーキもお話も、ああ、おいしい！　楽しい！

読んだ人もきっと、おいしくて、楽しい気分になってくれることでしょう。

けれども、十年前くらいだったかな、少年Gから突然《とつぜん》こう言われました。

「もう、家ではケーキ類は焼かないでくれる？　おいし過《す》ぎて、つい食べ過《す》ぎるから、このままだと健康に良くない。だから、ケーキ類はお店で買うようにしよう。ぼくらの健康のために」

なるほど、と、思いました。

確《たし》かに、家においしいケーキがあると、どんどん食べてしまいます。

でも、お店で買うなら、ひと切れか、ふた切れ。

だから今は、作るのは年に一度か二度。クリスマスと、彼《かれ》の誕生日《たんじょうび》に。

そういえば、日本人がクリスマスに好んで食べる、いちごのショートケーキ。

まっ白なクリームの上に、赤いいちごや華《はな》やかな飾《かざ》り付けがなされていて、いかにもクリスマスケーキって感じですよね。

でもあれも、日本だけのクリスマスケーキ。

アメリカでは特に、決まった形のクリスマスのケーキはありません。

正しいチョコレート

二月のある日のこと。
家から車で一時間ほど離《はな》れたところにある学園町を散歩しているとちゅうで、こんな看板《かんばん》を見つけました。

――エシカル・チョコの店、この奥《おく》にあります。

え？　エシカル（Ethical）チョコって、どんなチョコレート？
英単語の意味がわからなかったので、少年Gに尋《たず》ねてみました。
「ああ、それは、倫理《りんり》的に正しいっていう意味だよ」
ますます、わからなくなりました。
倫理《りんり》的に正しいチョコレートって、いったい？
とにかく、まずは、このチョコレートを食べてみようと思いました。

通りの奥《おく》まで歩いていって、お店に入って、ショーケースに並《なら》んでいるさまざまなチョコレートを見ながら注文して、買って食べて、お店の人から話を聞いて、すべての謎《なぞ》が解《と》けました。

このお店のチョコレートは、バター、牛乳《ぎゅうにゅう》などの乳製品《にゅうせいひん》の代わりに、豆乳《とうにゅう》、植物性《しょくぶつせい》の油などを使って作られていたのです。

「それなのに、こんなにおいしいの！」

と、わたしはびっくりしました。

使われているチョコレートは、フェア・トレイド、すなわち、公正な貿易《ぼうえき》に基《もと》づいて輸入《ゆにゅう》したもので、公正な貿易《ぼうえき》とは、生産国と消費国《しょうひこく》のあいだで、利益《りえき》が均等《きんとう》になるようにされている貿易《ぼうえき》や取り引きのことです。

「なるほど」

と、深く納得《なっとく》。

つまり、倫理《りんり》的に正しいチョコレートとは、動物愛護《どうぶつあいご》や公正な取り引き、という思想に基《もと》づいて作られたチョコレートである、というわけです。

お店の人たちは「これ以上、地球環境《かんきょう》が悪化しないように、われわれは少しでも努力をしていかなくてはならない」と話していました。

「全人類が肉食をやめ、肉製品《せいひん》の生産と消費《しょうひ》をやめれば、温暖化《おんだん》はかなり防《ふせ》げるはずだ」とも語っていました。


アメリカでは今、若《わか》い人たちを中心にして、肉類も乳製品《にゅうせいひん》も食べないビーガン思想を実践《じっせん》している人たちが増《ふ》えてきています。

そういう料理を出しているレストランやカフェもよく見かけるようになりました。

八月の章にも書いた通りです。

ちなみにわたしたちは、肉類は食べないけれど、魚と乳製品《にゅうせいひん》は食べています。

ベジタリアン（菜食主義者《しゅぎ》）だけれど、魚は例外、ということです。

動物も、にわとりも、友だちだと思っているので、食べません。

食べられなくなりました。

エシカルな製品《せいひん》、ベジタリアン、ビーガン。

このような主義《しゅぎ》や思想も少しずつ、国境《こっきょう》を越《こ》え、海を渡《わた》って、日本へ行っているようです。

いつか、和製《わせい》ビーガンや、和製《わせい》ベジタリアンや、和製《わせい》エシカルのお店や製品《せいひん》ができたらいいなぁ。

あ、もうできているのかな。

そういえばわたし、数年前に、日本でベジタリアン・カフェを経営《けいえい》している男の子の物語『ごはん食べにおいでよ』を書きました（講談社から出版《しゅっぱん》されています）。

主人公の名前は、森崎雪くん。

彼《かれ》は中学生のころから料理が大好きで、もちろん、お菓子《かし》やパンを焼くのも好き。好きなことを仕事にしたいと思って、アメリカの料理学校へ入学して勉強し、日本に帰国してから、自分のお店をオープンさせます。

アメリカ留学《りゅうがく》は、森崎雪くんが夢《ゆめ》を実現《じつげん》させるために踏《ふ》み出した「キミの一歩」だったのです。

物語

明るい夕暮れのバルコニーには
ココナツの葉音が聞こえ
日は遥か彼方の
山の向こうに行ってしまったのだけれど
まだ雲はまばゆいばかりに白い
そんな明るい夕暮れに

わたしたちは明かりを灯さないで
読めなくなるまで物語の
文字を追っているのが好きだ
それからすっかり日が暮れてしまって
部屋に入るとバルコニーには
二人の椅子が並んで残される

その椅子をふりかえって
眺めるのがわたしは好きだ
そこに物語の続きがまだあるような
そんな風に並んでいる椅子だから

――『夕暮れ書店』より

三月　あなたの名前と誕生日《たんじょうび》

旅の楽しみ

朝、道で誰《だれ》かとすれ違《ちが》ったら「オラ！」

昼、街角で誰《だれ》かに出会ったら「オラ！」

日本で、誰《だれ》かから「オラ！」なんて言われたら、叱《しか》られているのかと思って、どきっとしますよね。

でも、この言葉、スペイン語の「こんにちは」なのです。

英語だと「ハーイ」「ハロー」がこれに相当します。

「オラ！」よりもていねいな言い方は、おはようが「ブエノス　ディアス」で、こんにちはが「ブエナス　タルデス」で、こんばんはが「ブエナス　ノーチェス」です。

なぜ、スペイン語のあいさつの言葉を覚えたのかというと、去年はスペインへ、

今年はつい先月、コロンビアへ旅をしてきたから。

コロンビアは、南米大陸にあります。

かつてはスペインの植民地だったことから、スペイン語が公用語になっています。

わたしの住んでいるニューヨーク州からは、飛行機でおよそ五時間。

わずか五時間、空を飛んだだけで、酷寒《こっかん》と大雪にぶるぶる震《ふる》える、まっ白な真冬から、ぽかぽかで、きらきらで、まっ青な空とまっ青な海の真夏に早変わり。

北米の空港から飛び立ったときに着ていたコートやセーターなどを次々《つぎつぎ》に脱《ぬ》いで、半袖《はんそで》のティシャツと半ズボンに着替《きが》えます。

そして、南米の空港に降《お》り立つと「オラ！　コロンビア」です。

冷たい北風の代わりに、ココ椰子《やし》の木を揺《ゆ》らす、暖《あたた》かいカリブ海の風。

陽射《ひざ》しが違《ちが》う、空気が違《ちが》う、匂《にお》いが違《ちが》う。

ああ、旅って、楽しいな！

言葉や気候や自然だけではありません。

国や土地が違《ちが》えば、食べ物や生活習慣《しゅうかん》や文化にも、いろんな違《ちが》いが出てきます。

大きな違《ちが》いもあれば、小さな違《ちが》いもあります。違《ちが》っているところ、似《に》ているところを発見するのも、旅の楽しみのひとつ。

毎年、だいたい二回、外国へ旅行をしています。

少年Gは旅が大好き。五歳《さい》だったとき、両親に連れていってもらった初めての外国は日本。わたしも彼《かれ》の影響《えいきょう》を受けて、旅が好きになりました。

二十代のころから今までに、ふたりで旅をした国はたぶん、四十か国を超《こ》えているはずです。

わたしが日本で暮《く》らしていたのは三十六年ほどで、ふたりでアメリカで暮《く》らすようになってから、三十年以上が過《す》ぎました。

当たり前のことですけれど、世界には、日本とアメリカ、日本語と英語のほかにも、実にさまざまな国があり、言語があります。

そのことを実感するだけでも、旅をする意義《いぎ》はあります。

つまり、自分の見ている世界、住んでいる世界の外には、実にさまざまな世界が広がっているのだ、ということ。

そのことを体で感じ、心で味わえるのが旅です。

みなさんが何気なく口にしている「こんにちは」は、フランスでは、イタリアでは、中国では、ロシアでは、タイでは、モロッコでは、なんと言うのでしょうね。

日本国内にだって、いろんな言い方があるでしょう。

今度、わたしに教えてくれますか。

わたしの名前

わたしの名前は、かおりと言います。

小手鞠《こでまり》るいはペンネームで、小説や童話を書くときだけに使っています。

アメリカに引っ越《こ》してきて、いちばん困《こま》ったことは、アメリカ人は誰《だれ》ひとり、わたしの名前をうまく発音できない、ということでした。

KAORIのKAOの部分が「カオ」と発音できないようなのです。

無理やり発音しようとすると「ケオ」になります。

かおり、じゃなくて、けおり。う〜ん。

両親はわたしに、誰《だれ》にでも読めるようにと考えて、ひらがなの名前を付けてくれたのに、それがアメリカでは誰《だれ》にも発音できないなんて！

ちょっと、じゃなくて、大いにショックです。

アメリカでは、よほどのことがない限《かぎ》り、苗字《みょうじ》ではなくて名前（ファーストネーム）で、呼《よ》び合います。だから名前をうまく発音してもらえない、ということは、相手に名前を呼《よ》んでもらえない、覚えてもらえない、ということになります。

これでは困《こま》りますよね。生活するのに、とても不便です。

仕方がないので、わたしはアメリカでは、コーリーと名乗ることにしました。これなら誰《だれ》でも発音できるし、ケオリよりはコーリーの方が、名前らしいからです。

あなたの名前は、なんて言うのでしょう。

英語になったら、どう発音されるのか、調べてみるとおもしろいですよ。

たとえば、美恵《みえ》さんだったら、Ｍｉｅのｅは英語では「エ」ではなく、音引きになるので、美恵《みえ》さんは英語ではミーさんで、鳥越《とりごえ》さんはトリゴーさんになります。

ちなみに、日本が大好きな少年Ｇの名前はグレン・サリバンなのですけれど、この名前の発音がとっても難《むずか》しい。

たぶん、正確《せいかく》に発音できる日本人は、きわめて少ないでしょう。

わたしもそのひとり。

グレンの「グ」も「レ」も「ン」も、サリバンの「サ」も「リ」も「バ」も「ン」も、カタカナ読みで発音すると、まったく通じません。

どこがどう違《ちが》うのかを説明するのも至難《しなん》のわざ。

これはもう、アメリカ人の発音を耳で聞いて、それをおうむのように真似《まね》るしかありません。

少年Ｇ、ごめんんね。

大事なパートナーの名前をちゃんと発音できないなんて、情《なさ》けないね。

あなたの誕生日《たんじょうび》

少年Gは、アイルランド系《けい》・ユダヤ系《けい》アメリカ人です。

おじいさんがアイルランド系《けい》で、おばあさんがユダヤ系《けい》なのです。

彼《かれ》のお父さんにハワイで初めて会ったとき、自己紹介《じこしょうかい》をすると、

「わーお、きみはわが息子の運命の女性《じょせい》だ！　すごいすごい、まったくすごいすごい」

と、大感激《かんげき》されました。

何がそんなにすごいのか、わたしにはまったくわかりません。

目を白黒させていると、少年Gが教えてくれました。

なんとわたしの誕生日《たんじょうび》、三月十七日は、アイルランドの聖人《せいじん》、セイント・パトリックの命日だったのです。

話を日本に置き換《か》えると、お釈迦《しゃか》さまの亡《な》くなった日に生まれた人、ということになるでしょうか。

アイルランドの人たちにとって、聖《せい》パトリックと言えば、それはもう世界で最も

偉大《いだい》な人。アイルランドに、キリスト教を広めた人だからです。

この偉大《いだい》な人の亡《な》くなった日に、わたしは生まれた、ということで、アイルランド系《けい》の混《ま》じっているお父さんにとっては〈運命の女性《じょせい》〉となるわけです。

三月十七日は、アメリカではセイント・パトリックデイと呼《よ》ばれていて、ニューヨークシティなど、アイルランド系《けい》が多く暮《く》らす街では、盛大《せいだい》なパレードがおこなわれます。アイルランドのシンボルカラーである緑色と、クローバーの一種であるシャムロックという植物の葉っぱの飾《かざ》りがそこらじゅうに、あふれます。

このお祭り、日本ではあまり知られていないのではないでしょうか。

わたしも、少年Gに教えてもらうまでは、知りませんでした。

毎年、三月十七日になると、わたしの誕生日《たんじょうび》を、アメリカ人に祝ってもらえます。

なんだかとっても得《とく》した気分。

あなたの誕生日《たんじょうび》はいつですか。

世界のどこかの国では、あなたの誕生日《たんじょうび》がとても重要な日だったり、おめでたい日だったりするかもしれませんよ。

物語は続く

世界旅行が大好きで、小学三年生の魂《たましい》を持った、少年Gの話をもう少し。

彼《かれ》はなぜ、どんなきっかけがあって、日本に興味《きょうみ》を持ったのでしょう。

まず五歳《さい》のとき、初めて旅した日本で、見るもの、聞くもの、すべてに、彼《かれ》は胸《むね》を震《ふる》わせていたようです。

「海のなかに立っていた赤い鳥居《とりい》の迫力《はくりょく》がすごかった」

これは、広島県の宮島町にある厳《いつく》島神社のことでしょう。

「アイスココアが好きだったので、帝国《ていこく》ホテルのティラウンジで、アイスココアを自分で注文するために『チョコレット・ギューニュー』という日本語を覚えていった。実際《じっさい》にそう言って注文してみたら、日本人に通じたので、自信を持った」

なるほど、それで今は日本語がわたし以上にぺらぺらなんですね。

「なんとかジゴクとか言って、地下から熱湯が噴《ふ》き出ている場所が怖《こわ》かった」

これは別府温泉《おんせん》ですね。

「北海道ではノボリベツへ行った。女子高校生たちに取り囲《かこ》まれて『カワイーですねー』と言われ、頭を撫《な》でられた。怖《こわ》かった」

「え、怖《こわ》かったの」

「うん、だって、大勢《おおぜい》で取り囲《かこ》まれて、きゃあきゃあ言われたから」

と、まあ、こんなわけで、五歳《さい》の少年Gの心には、日本が強くインプットされたようです。

いつかまた行ってみたい。

日本のことをもっと知りたい。

よし、日本語を勉強するぞ！

いい流れができました。『キミの一歩』です。

その後、小・中学校でアジア美術《びじゅつ》を教えていたお母さんの影響《えいきょう》を受けて、ますます日本と日本語に興味《きょうみ》を抱《いだ》くようになり、大学では東洋哲学《てつがく》を学び、卒業したあとは「日本に住んで、仕事をしたい」と思うようになり、英会話教師《きょうし》として日本へ。

そして、京都の書店でアルバイトの店員だったわたしと知り合って——

ここから始まった物語は、舞台《ぶたい》をインドへ、東京へ、アメリカへと移《うつ》して、ふたりで世界のあちこちを旅しながら、今もまだ続いています。

これからも、続いていくでしょう。

わたしのエッセイはこれで終わりですけれど、ふたりの物語には、終わりはありません。いつまでも語っていたいけれど、書き始めた原稿《げんこう》は、終わらせなくてはなりません。

でも「さようなら」は言いません。

みなさん、いつかまた、どこかで会いましょう。

わたしの書いた本のページの上で、あなたにまた会えたらうれしいな。

あなたにまた会えたら、わたしは、とびっきりおいしいケーキを焼いて食べさせてあげる！

だって、ここは、森のベイカリーカフェだから。

＊引用文の原典

『シドモア日本紀行　明治の人力車ツアー』エリザ・R・シドモア著　外崎克久訳（講談社学術文庫）

『やなせたかし全詩集　てのひらを太陽に』やなせたかし著（北溟社）

『愛する人にうたいたい』『だけどなんにも言えなくて』『夕暮れ書店』（以上サンリオ）は、川滝かおり名義の著者の詩集。引用に当たって一部、改訂を加えました。

なお、引用文のルビは、原典に振られているもの以外にも、読みやすさを考慮して加えてあります。

小手鞠るい（こでまり・るい）

1956年岡山県生まれ。同志社大学法学部卒業。1992年にアメリカに移住。ニューヨーク州ウッドストックの森の中で暮らしながら、小説や童話を書いている。主な作品として『あなたの国では』（さ・え・ら書房）『答えは旅の中にある』（あすなろ書房）『晴れ、ときどき雪』（講談社）『イズミ』（偕成社）など。2019年『ある晴れた夏の朝』（偕成社・のち文春文庫）で第68回小学館児童出版文化賞を受賞。

装丁　喜來詩織（エントツ）
校正　株式会社文字工房燦光

キミの一歩　アメリカ
自由の女神と森とペン

2025年2月25日　初版発行

文	小手鞠るい
絵	酒井以
発行者	岡本光晴
発行所	株式会社あかね書房 〒101-0065 東京都千代田区西神田3-2-1 電話　営業(03)3263-0641 編集(03)3263-0644
印刷	中央精版印刷株式会社
製本	株式会社難波製本

NDC914　172ページ　19cm×13cm

ISBN978-4-251-09644-9